idées
reçues

Les Banlieues

Véronique Le Goaziou
Charles Rojzman

Économie & Société

Le Cavalier Bleu
EDITIONS

Véronique Le Gaziou

Philosophe, sociologue et ethnologue, fondatrice de l'« Agence de Sociologie pour l'Action », elle travaille depuis plusieurs années sur la violence et réalise diverses missions dans les quartiers difficiles de banlieue.

Du même auteur

- *Comment ne pas devenir électeur du Front National*, (avec Charles Rojzman), Éditions Desclée de Brouwer, 1998.
- *Repris de justesse*, Éditions Syros (avec Yazid Kherfi), 2000.

Charles Rojzman

Sociologue et psychothérapeute, spécialiste des violences urbaines, il est aussi fondateur d'« Impatiences Démocratiques ».

Du même auteur

- *La Peur, la haine et la démocratie*, Éditions Desclée de Brouwer, 1992 (rééd. 1998).
- *Savoir vivre ensemble*, (avec Sophie Pillods), Éditions Syros, 1998 (rééd. La Découverte Poche, 2000).
- *Freud, un humanisme de l'avenir*, Desclée de Brouwer, 1998.

La collection « Idées Reçues »

Les idées reçues sont tenaces. Nées du bon sens populaire ou de l'air du temps, elles figent en phrases caricaturales des opinions convenues. Sans dire leur origine, elles se répandent partout pour diffuser un « prêt-à-penser » collectif auquel il est difficile d'échapper…

Il ne s'agit pas ici d'établir un *Dictionnaire des idées reçues* contemporain, ni de s'insurger systématiquement contre les clichés et les « on-dit ». En les prenant pour point de départ, cette collection cherche à comprendre leur raison d'être, à déceler la part de vérité souvent cachée derrière leur formulation dogmatique, à les tenir à distance respectable pour offrir sur chacun des sujets traités une analyse nuancée des connaissances actuelles.

Vous souhaitez aller plus loin ? **www.ideesrecues.net**

BANLIEUE [bɑ̃ljø] **n.f.** – Datant du Moyen Âge (1185), ce mot s'inscrit à l'époque dans le lexique de la féodalité. Composé de la racine « ban » et de « lieue », il appartient d'emblée à un double univers de sens : celui de l'espace (la lieue est l'unité de distance) et celui de la domination (le ban désigne la juridiction exercée par le suzerain). Au départ, la banlieue est donc l'espace d'environ une lieue autour d'une ville sur lequel s'exerce le pouvoir du suzerain. Le sort du mot « ban » a son importance et éclaire celui de son composé banlieue. Emprunté au francique *ban* « loi dont la non-observance entraîne une peine » (on note que le sens de sanction voire d'exclusion est présent dès l'origine), « ban » prendra divers sens en français : convocation lancée par le suzerain aux vassaux pour servir à la guerre, pouvoir du suzerain puis, par extension, territoire sur lequel il s'exerce, « ban » signifie exil après le Moyen Âge, sens qui a perduré dans le dérivé « bannir » ou dans l'expression « mettre au ban ».

Au cours des XVIIᵉ et XVIIIᵉ siècle, le mot banlieue suit une évolution qui va de pair avec celle du paysage urbain, pour aboutir à son sens actuel : « territoire et ensemble des localités environnant une grande ville ». En 1889 apparaît le dérivé « banlieusard », inventé pour désigner de manière péjorative les élus des communes suburbaines, et qui s'applique désormais principalement aux habitants de la banlieue parisienne.

Le sens actuel du mot banlieue est comme chargé de cette histoire : c'est un espace qui se situe hors centre, à la périphérie, plus loin, mais qui est néanmoins sous la dépendance du pouvoir central.

Introduction

Quel espoir pour les banlieues ?

Conclusion

Annexes

« Les banlieues sont nées avec la révolution industrielle. »

La banlieue, elle est le symbole à la fois du déchet et de la tentative.

Le Corbusier

Une histoire rigoureuse de la banlieue reste à faire. Une histoire qui suivrait l'évolution du phénomène, dresserait des classifications, créerait des typologies, dessinerait des tendances. Cette histoire permettrait d'établir des distinctions là où des amalgames se font.

Est-il possible de confondre en un même terme les faubourgs populaires nés de leur relégation hors les murs de la capitale et la ceinture verte de l'Ouest parisien, émaillé de propriétés somptueuses, avec parcs et jardins ? Quelles relations et points communs entre Mantes-La-Jolie et Saint-Germain-en-Laye, Les Mureaux et Le Vésinet, Trappes et Sceaux ? D'un point de vue historique et géographique, on est pourtant dans « la banlieue », mais l'on manifeste toujours quelque réserve à qualifier Versailles de « ville de banlieue » ou, à l'inverse, de vanter les attraits des villégiatures de Sarcelles.

On aura la même hésitation pour les villes nouvelles qui naîtront plus tard : Cergy, Saint-Quentin, Évry, Marne-La-Vallée sont le résultat d'une politique d'aménagement du territoire ou l'illustration du phénomène de péri-urbanisation, témoin d'un nouvel art de vivre.

On voit que l'histoire de la banlieue ne devra pas se cantonner à l'éclairage et l'analyse des formes du phénomène, mais devra expliquer les sens qu'il revêt, ses significations, ses symboles, ses images. Dès sa naissance, la banlieue est ce territoire qui n'est pas maître de son destin, trop éloigné du centre pour prendre part aux décisions, trop près pour ne pas en subir l'influence.

Lorsqu'on parle de banlieue, il faut choisir son sujet. Nous nous restreindrons à une acception réduite du phénomène, à savoir un ensemble de territoires défavorisés, appelés quartiers ou cités, dans lesquels vivraient des personnes cumulant des difficultés, principalement sociales et économiques, et où séviraient l'exclusion, la violence et la précarité. Ces territoires ne sont pas seulement situés à la périphérie des grands centres urbains. Les problèmes de « banlieue » touchent certains quartiers des villes centrales (Ménilmontant à Paris), les villes nouvelles et des quartiers de petites villes du Sud touchées par la crise sociale (Lodève, Castres, Vitrolles…) La crise sociale a été aussi importée dans des espaces périurbains et ruraux et a provoqué une « banlieurisation » des communes de certains départements de la région parisienne (Oise, Yonne…)

Voilà ce sur quoi l'on s'accorde aujourd'hui ; c'est dire si la surface de nos consensus est mince. Les images qui désignent la banlieue sont réductrices et paresseuses, oublieuses de la variété et de la complexité qui se trament sous le mot.

Oublieuses, nous l'avons dit, des villégiatures aristocratiques dues à l'exode des biens-nés qui voulaient échapper aux désagréments des villes. Les grands du monde qui viendront chercher bon air, bien-être et repos au-delà des fortifications, construiront des résidences de plaisance dont certaines illustreront l'indéniable réussite d'un urbanisme paysager.

Oublieuses aussi de la longue et rebondissante histoire des lotissements, qui apparaîtront comme les symboles d'un nouvel art de vivre, loin de la grande ville (à l'époque, la grande ville c'est Paris), de ses frasques et de ses miasmes. Ces lotissements, au départ destinés aux populations bourgeoises, seront aussi habités par des ménages modestes et des familles d'ouvriers. La plupart seront bâtis dans le plus grand désordre et sans réelle réglementation. Mais le « chez-soi », déjà, n'a pas de prix, même s'il faut pour l'acquérir devenir un « mal-loti ».

Oublier ces histoires-là, c'est oublier le dynamisme géographique et démographique et la vigueur économique qu'ont pu incarner et qu'incarnent encore d'autres (formes de) banlieues. C'est oublier l'inventivité qui s'y est déployée et négliger que certaines d'entre elles ont été de véritables laboratoires d'expérimentations architecturales et sociales souvent fructueuses.

Il ne faudrait cependant pas croire que l'image des banlieues qui fait consensus aujourd'hui est un produit de l'imagination. Ce serait tomber dans l'autre extrême et refuser de voir que les quartiers difficiles des banlieues populaires ont aussi une histoire.

On peut tirer un trait entre nos cités et les faubourgs ou la « zone » d'hier. La banlieue, au sens moderne du terme, est doublement issue du chemin de fer et de la révolution industrielle, une révolution scientifique et technique certes, mais également un bouleversement politique et sociologique.

C'est dans un espace aux frontières floues, à quelques encablures des murs de la capitale, que viendront peu à peu s'installer des activités, des infrastructures ou des aménagements jugés gênants, malodorants ou dangereux qui ne peuvent rester à l'intérieur des villes : terrains militaires, usines, stations d'épuration, décharges, gares, plus tard aéroports. Mais aussi cimetières, hôpitaux, stades ou asiles. C'est dans ce même espace incertain que viendront s'installer, sans l'avoir choisi, des populations que les centres urbains, centres de pouvoir et centres bourgeois, ne peuvent plus ou ne veulent plus loger : artisans, ouvriers, pauvres, marginaux, immigrants, tous ceux que la nouvelle révolution laisse sur le côté. L'éloignement et l'exclusion des classes laborieuses et des classes dangereuses ne datent pas des décennies passées. Le mouvement est plus ancien.

Les faubourgs ou la zone étaient l'expression d'un mal social, le symptôme d'une crise en même temps que le révélateur d'un mode de fonctionnement. Les banlieues d'aujourd'hui aussi. Ce sont elles que l'on convoque pour dire que notre monde va mal ou pour illustrer la face cachée de nos avancées. On ne se contente pas de décrire ou d'expliquer les banlieues, on cherche toujours à les soigner, on rêve de les modeler ou de les transformer. C'est pour cela qu'elles ploient sous les images et les mots, sous les passions et les préjugés. Elles alimentent nos espoirs, redorent nos idéologies, avivent nos peurs, ce qui, reconnaissons-le, nous satisfait assez ; on trouve toujours plaisir à s'enflammer. Alors il n'est pas rare qu'on se laisse emporter, qu'on aille un peu trop loin et que l'on dise n'importe quoi.

"

LES BANLIEUES,
UN MONDE À PART

« Les architectes et les urbanistes sont responsables du mal des banlieues. »

En périphérie, des lieux criminogènes ont été créés,
bien involontairement, par les urbanistes.

Le Monde, 24 octobre 1997

Après la guerre, dans une France en partie détruite, aux centres-villes dégradés, la crise de l'habitat est énorme. Le pays fait face à un impérieux besoin de logement, avivé par une croissance démographique – le fameux baby-boom – comme on n'en avait pas connu depuis longtemps. Les banlieues, au sens où nous l'entendons ici, sont le résultat de la formidable entreprise de reconstruction et de rénovation qui démarre dans les années cinquante et se poursuivra tout au long des Trente Glorieuses.

Les premiers habitats collectifs sortent de terre, souvent à l'emplacement des anciennes fortifications, puis aux alentours des grands centres industriels. Leur construction est largement inspirée des théories de Le Corbusier et de son utopie naturaliste. L'ambition est de fournir très vite et à tout le monde, dans un environnement de nature et de verdure, des logements clairs et confortables à proximité d'équipements collectifs pourvoyant aux nécessités de la vie quotidienne. La France nouvelle et moderne doit passer des taudis insalubres, dignes des récits de Dickens ou Zola, à des habitats hygiéniques et normalisés. Le souhait devient nécessité car les taudis ont la peau dure, dans les années cinquante on les appelle bidonvilles. Ils fleurissent à Nanterre, Neuilly-sur-Marne ou Noisy-le-Grand : la reconstruction est lente, a du mal à démarrer ou connaît des ratés. Mais pendant ce temps les Français doivent se loger.

Les premières cités sont bâties. En 1952, le ministre de la Reconstruction et de l'Urbanisme Eugène Claudius-Petit inaugure la Cité Radieuse du Corbusier à Marseille, avec ses 17 niveaux et ses 2 000 résidents. Ce sera le point de départ d'une frénésie constructrice qui ne ralentira pas avant 1965. Certains de ces ensembles seront « commis » par de grands architectes comme Beaudoin, Candilis, Colboc, Zehrfuss ou Aillaud.

Et cela est plutôt réussi. On l'a oublié et on a aujourd'hui du mal à l'imaginer, mais les premiers emménagements dans ces buildings, gratte-ciel ou cités-champignons, que l'on regardait avec ébahissement, se sont faits dans l'euphorie. C'est dans une certaine griserie qu'ont emménagé les premiers occupants, dont la plupart venaient de logements dits de transit, insalubres et sombres. Dans ce que l'on appellera bientôt les « grands ensembles », ils trouvent des logements neufs, clairs, aérés et spacieux, qui avaient tout pour les séduire, même s'ils ne les avaient pas choisis et même si la maison individuelle avec jardin restait le rêve d'une grande majorité de Français.

D'autant que ce changement s'accompagne d'une amélioration globale du pouvoir d'achat et du niveau de vie. Par l'accession au confort moderne, les Français sautent à pieds joints dans ce que l'on appellera avec une certaine aigreur la société de consommation. Il est trop facile d'en critiquer maintenant les faiblesses ou les dangers, lorsqu'ils masquent les plaisirs et les satisfactions qu'elle a procurés – et procure encore – à plusieurs générations.

Mais l'euphorie a été de courte durée. Parce qu'on a voulu rentabiliser l'espace, aller vite et bâtir à moindres frais, on s'aperçoit bientôt des défauts de construction. Les plaques de béton remplies de panneaux d'agglomérés – matériaux de base des cités – se dégradent vite et révèlent des problèmes d'étanchéité et d'isolation. L'abondance de surfaces vitrées fait entrer le soleil, certes, mais elle expose les occupants à la vue de tous, tandis que l'absence de volets conforte cette désagréable impression de manque d'intimité. Les cloisons sont trop minces et les logements mal insonorisés, on entend les bruits de l'autre, les voisins commencent à peser. La cohabitation ne va pas de soi, surtout lorsqu'on n'a pas les mêmes habitudes, les mêmes rythmes ou la même façon de vivre. Il n'est pas encore question de différence de culture.

Contrairement à ce que l'on croit, les premiers occupants des grands ensembles sont d'origine sociale diversifiée. Il y a des mal-logés des centres-villes mais aussi des jeunes couples citadins qui auront bientôt des bébés, ou des ruraux qui viennent de province. Les immigrés arriveront bien après. Le malaise des cités est né avant eux.

On s'aperçoit également, peu à peu, du caractère nocif de l'uniformisation. On a érigé des tours et des barres – on ne parle pas encore des cabanes ou des cages à lapins – on a tiré des lignes droites, horizontales ou verticales. On prend conscience qu'un cadre de vie peut faire mal.

D'autant que les équipements annoncés tardent à venir ou sont insuffisants. Les habitants ont des murs et un toit mais pas d'école, pas de transport et pas d'hôpital. On y remédiera, à coups de plans, de grilles, de normes, privilégiant la quantité plutôt que la qualité, sans demander leur avis aux gens, sans tenir compte des changements de la mode ou de l'évolution des usages. Les décideurs ou les pouvoirs publics s'essouffleront à combler des retards qui iront croissant.

Bien que la monotonie des grands ensembles ait été très vite mise en avant (le fameux « métro-boulot-dodo »), on peut supposer que la vie dans les « cités-dortoirs » était supportable. Du moins tant que les gens avaient du travail. Mais lorsque les cités sont devenues l'horizon constant et le seul environnement de familles entières inoccupées, alors elles sont devenues synonymes d'ennui et de malaise.

Il n'est pas anodin que les premières à déchanter, puis à déprimer, soient les femmes confinées au foyer. En novembre 1963, *Libération* parlera de « Madame Bovary dans les HLM » et en 1969, Christiane Rochefort dressera leur portrait dans *Les Petits Enfants du siècle*.

Car les cités ne sont pas des lieux de vie. On a pensé aux garages et aux parkings, mais on a oublié les boutiques et les cafés. On a négligé l'importance du commerce pour l'animation de la vie urbaine, on n'a pas pensé qu'il était important de faire la fête, de se rencontrer ou de flâner dans les rues de ces « nouvelles villes ». On découvrira bien vite qu'on ne flâne pas dans les quartiers, on y traîne.

Alors ceux qui peuvent partir le font. Les classes supérieures retournent vers les centres-villes, qui entre-temps ont été rénovés, ou s'éloignent vers la grande périphérie urbaine. Les autres, on les aide à partir grâce à des conditions avantageuses, comme l'épargne-logement créée en 1969. Par l'épargne et le crédit, les classes moyennes et populaires trouvent la possibilité d'avoir un « chez-soi » pour pas trop cher. Un chez-soi parfois aussi mal construit que le grand ensemble que l'on vient de quitter – on parlera des « HLM couchés » – mais un chez-soi tout de même.

Ceux qui restent ne peuvent pas faire autrement. La crise des années soixante-dix et quatre-vingt va leur couper les ailes, les empêchant de contracter des engagements financiers en vue d'un projet immobilier. Ils se trouveront relégués dans des quartiers qu'ils voulaient quitter, de plus en plus isolés et coupés du monde extérieur, celui dans lequel ils veulent entrer. C'est ainsi que naîtra le douloureux sentiment d'assignation à résidence, c'est ainsi que peu à peu un monde à part se créera, peuplé par les segments les plus défavorisés du corps social, bientôt rejoints par des familles immigrées en grande précarité.

Que les architectes et les urbanistes aient une part de responsabilité dans le malaise des banlieues, c'est évident. Les politiques et les investisseurs, publics et privés, aussi. Les grands ensembles n'étaient sans doute pas la seule réponse possible à une crise du logement devenue suraiguë. On a privilégié le gigantisme et fait sortir de terre des monstres urbains, au mépris de toutes les règles de l'écologie humaine et des équilibres inhérents au vivre ensemble. Les sonnettes d'alarme n'ont pas manqué, mais on ne peut oublier que l'urgence et la modicité des coûts, aujourd'hui encore, sont des critères difficilement compatibles avec la qualité et la prise en compte des besoins ou des aspirations des gens.

D'autant qu'une partie des habitants est attachée à son immeuble ou à sa cité, comme d'autres l'ont été à leur village ou leur coron. On peut trouver à l'intérieur de certains grands ensembles de la chaleur, de la convivialité et de la solidarité. On le pouvait en tout cas encore il y a quelques années. Mais ce n'est plus suffisant.

C'est pourquoi on ne peut pas tout miser sur des entreprises de restructuration urbaine ou de réhabilitation du bâti pour améliorer la vie des habitants et renverser le malaise qui sévit dans les quartiers. D'ailleurs, certains prévoient dès aujourd'hui que dans les zones pavillonnaires qui se développent dans toutes les aires urbaines, on risque de retrouver les mêmes tares que celles rencontrées dans les grands ensembles. Même si demain on détruit les tours et les barres, ne va-t-on pas retrouver ailleurs les mêmes maux, comme dans certains quartiers de la côte ouest des États-Unis, composés de maisons individuelles et jardins, où sévissent tout autant la violence et l'ennui ?

« En banlieue, le chômage prend des proportions alarmantes. »

Dans les banlieues populaires, le cas de figure dans lequel les fils ne parviennent pas à obtenir un emploi quand le père a définitivement perdu le sien, n'a rien d'exceptionnel. Le coût social d'une telle situation sera lourd.

Henri Rey, *La Peur des banlieues*

On ne connaît pas d'exemple de quartier en difficulté qui ne soit touché peu ou prou par le chômage et ses conséquences. Le taux de chômage y est par endroits trois à quatre fois supérieur à la moyenne nationale. Dans tous les quartiers répertoriés il dépasse les 30 %, dans certains d'entre eux il atteint 60, 70 et même 80 %. Il touche encore plus fortement les jeunes d'origine étrangère, notamment les jeunes d'origine maghrébine et africaine.

Le chômage est prégnant parce que dans les quartiers sont concentrés les salariés les moins qualifiés, ceux qui ont été les plus sévèrement touchés par la crise. Rappelons que dans les années soixante certaines cités ont été construites pour loger une main-d'œuvre faiblement qualifiée, française ou étrangère. C'est le cas des usines automobiles dans l'Ouest de la banlieue parisienne, ou des entreprises de matériaux ou de travaux publics le long de la vallée de la Seine. Pour faire face à la crise, bon nombre de ces usines implantées à proximité des cités ont licencié une partie de leur personnel.

Les possibilités ou les tentatives de reconversion, lorsqu'elles ont existé, n'ont pas été concluantes. Les hommes, ouvriers dans ces usines, étaient souvent originaires du Maghreb et au départ issus du monde rural. Ils ont été projetés brutalement dans le monde industriel et n'y ont acquis aucune véritable qualification ni bénéficié de formation. Il est vrai que ce n'était pas la priorité, à ce moment il fallait produire, vite et en grande quantité. Aussi leur a-t-il été par la suite très difficile de revenir dans un monde du travail affecté par des transformations aussi rapides que nombreuses. Très vite, de nouveaux modes de production et d'organisation du travail ont été mis en place, auxquels une main-d'œuvre essentiellement utilisée pour sa force et sa quantité, était de moins en moins adaptée.

Ainsi, ce sont de très nombreuses générations d'enfants, nés pendant ou après cette période de licenciements massifs, qui auront vu leur père au chômage, ce qui constitue un point de départ dans le monde du travail peu engageant. Ils sont nombreux aujourd'hui, ces jeunes de la deuxième ou troisième génération d'immigrés, à entretenir un rapport pour le moins ambivalent à l'égard du travail. Ils ne sont pas toujours enclins à accepter n'importe quel boulot, en particulier ceux qu'ils jugent dégradants et dévalorisants. Ils portent – et transmettent – les humiliations vécues par leur père « bon à tout faire », celles de leurs père et mère dans leurs relations avec l'administration, le tout sur fond de souvenirs réels ou fantasmés de la colonisation et de la guerre avec la France. Voilà qui laisse de la place pour la honte, les blessures et le ressentiment.

L'ambivalence à l'égard du monde du travail n'est pas réservée aux générations d'enfants d'immigrés. Elle touche aujourd'hui tout le monde, également des adultes, des cadres et des diplômés. De façon générale notre rapport au travail a changé. S'il reste fondamental – comme mode de subsistance et vecteur de socialisation – on est aujourd'hui moins prêt à tout lui sacrifier. Les anciennes vertus de patience, de soumission et d'effort sont indéniablement moins crédibles lorsqu'on a vu le prix qu'il fallait payer pour les cultiver, surtout si elles n'ont pas produit les effets escomptés. L'ascenseur social est en panne, mais les objectifs ou les aspirations n'ont pas changé.

Les jeunes, notamment les jeunes d'origine étrangère, nés en France dans leur très grande majorité, ont parfaitement intégré les notions d'épanouissement individuel et de consommation des classes moyennes. En cela, ils sont tout à fait en phase avec les attentes de leurs contemporains. Comme tout le monde aujourd'hui, ils ont envie de réussir, et de réussir vite. Peut-être même plus que les autres, car certains sont portés par un scénario familial obsédant de promotion sociale. La moindre attente ou le moindre obstacle leur paraît scandaleux et insurmontable, et est vécu comme une injustice.

Cette injustice est parfois totalement imaginaire et les jeunes se posent en victimes de bourreaux qui n'existent pas. Mais elle est parfois fondée. Ainsi, lorsqu'ils acceptent de travailler, parfois par dépit mais aussi pour véritablement démarrer leur vie d'adulte, ils ont du mal à trouver un emploi. Il s'exerce sans conteste une discrimination à l'embauche des jeunes d'origine maghrébine, particulièrement d'origine algérienne. Ils expérimentent, plus que les autres, un chômage durable à leur premier contact avec le monde du travail. Et les premiers pas de leur vie active sont mouvementés par des successions irrégulières d'emplois provisoires, peu stables et précaires, entrecoupées de périodes parfois longues d'oisiveté. Y compris lorsqu'ils sont diplômés. Dans son *Atlas des fractures françaises,* Christophe Guilluy relève par exemple que 27 % des jeunes habitant Lille-Sud – titulaires du bac ou d'un diplôme supérieur – sont au chômage, contre 10 % en moyenne. 26 % des titulaires d'origine maghrébine ont accès à un emploi, contre 50 % des personnes d'origine française.

Le fait de vivre dans une cité ou un quartier n'arrange pas les choses. Au « délit de faciès » s'ajoute ce que l'on a appelé ces dernières années le « délit d'adresse ». Ce ne sont pas seulement le patronyme, l'accent ou le phénotype qui font obstacle, c'est le nom de la rue et la réputation du quartier, réelle ou usurpée, qui rejaillit sur l'ensemble des habitants, ceux qui travaillent et ceux qui ne travaillent pas, jeunes et adultes, Français ou étrangers.

Là aussi un monde à part se crée et l'on peut comprendre que certains aient du mal à quitter leur quartier pour aller travailler ailleurs. L'« ailleurs » en question ne leur fait pas beaucoup de cadeaux et le monde extérieur, situé à quelques centaines de mètres de la cité, est vécu comme hostile. C'est parfois pur préjugé, c'est parfois réalité.

La majorité s'en sort. Ils décrochent un diplôme, trouvent du travail, fondent une famille et quittent ou ne quittent pas le quartier, c'est variable. De ceux-là, on ne parle pas assez. D'autres deviennent chômeurs de longue durée et traînent, ce sont les jeunes en galère décrits par le sociologue François Dubet. Plus le désœuvrement devient leur ordinaire, plus ils s'éloignent du monde du travail. Le retour de la croissance et la reprise de l'emploi, dont certains quartiers ou certains segments de population des quartiers ont bénéficié, n'a sur eux guère d'influence et ne modifie pas leur situation.

Mais il y a aussi ceux – parfois ce sont les mêmes – qui dissocient le fait de gagner de l'argent et celui de travailler. L'argent, ça peut se gagner autrement qu'en enfilant des contrats de solidarité ou de qualification, ou en économisant quelques sous sur un livret de caisse d'épargne.

Alors naît l'économie parallèle, le « bizness » qui se développe aujourd'hui dans la plupart des quartiers. Il est difficile de déterminer la réalité ou mesurer l'ampleur du phénomène : types d'activités, chiffres d'affaires, main-d'œuvre employée. Est-ce une activité principale ou annexe, quel impact a-t-elle sur la vie du quartier, quels en sont les bénéficiaires, directs ou indirects, est-ce la voie du retour à une économie normale ou la voie de traverse vers des échanges de types maffieux ? Nul ne peut réellement se prononcer. Mais il est clair que le « bizness » ne donne pas envie de travailler. Le mauvais exemple est donné par les « caïds » qui, en un jour, se procurent – et procurent à leurs complices – ce qu'ils pourraient péniblement gagner en un mois, à condition d'avoir pu décrocher un emploi.

Cela n'est donc pas une légende : dans les cités de banlieue, plus qu'ailleurs, le chômage sévit gravement. Ce n'est pas la seule particularité de ces cités. C'est par cumul de handicaps de nature différente qu'un territoire défavorisé devient un quartier difficile. Le chômage à lui tout seul ne crée pas le mal-être et la violence qui sévissent dans certaines de nos banlieues, mais il y contribue grandement.

« On a parqué les immigrés dans des ghettos. »

Le risque est de fabriquer, au-delà des traits culturels initiaux, de nouvelles distinctions nées seulement de la ségrégation ; aux cultures « traditionnelles », ne se substituera alors qu'une culture de la pauvreté

Marcel Roncayolo, *La Ville et ses territoires*

Le mot « ghetto » n'est pas d'un usage neutre. L'employer à propos des quartiers ou des cités défavorisées illustre l'emphase sémantique et la charge affective qui pèsent aujourd'hui sur les banlieues.

Le mot revêt plusieurs sens suivant les époques. Il est d'abord utilisé pour désigner les quartiers où vivent les communautés juives à l'intérieur des villes, au Moyen Âge. La communauté résulte aussi bien d'une solidarité entre ses membres que d'une exclusion qui repose sur des interdits de fait. Plus tard, à Rome ou dans certaines villes d'Allemagne et de Pologne, les Juifs vivent dans des ghettos ceints de murs, fermés la nuit et que l'on franchit par des portes. Les dispositions légales qui accompagnent cette ségrégation disparaîtront en partie ou totalité au XIXe siècle, hormis leur rétablissement par les nazis durant la seconde guerre mondiale.

Mais entre-temps le mot s'est attaché à une autre réalité, celle de la division ethnique des villes américaines au début du siècle. Les sociologues de l'époque se sont longtemps interrogés pour savoir si ces enclaves – juives, italiennes, irlandaises – étaient le résultat d'une discrimination ou un processus de regroupement communautaire, étape provisoire facilitant l'intégration. Le mot a ensuite été massivement utilisé dans les années soixante, à propos de la constitution des quartiers noirs dont la plupart des membres vivaient au-dessous du seuil de pauvreté. Il est encore utilisé en ce sens aujourd'hui.

Enfin, dans les années soixante, comme par un effet retour, la notion reviendra en Europe où elle désignera des noyaux ethniques issus de courants d'immigration. On en parlera d'abord pour certains quartiers de centres-villes (La Goutte d'Or à Paris, Belsunce à Marseille), puis pour les bidonvilles, enfin pour les grands ensembles.

Il est faux d'affirmer qu'il y a eu une volonté politique ou une stratégie délibérée qui auraient abouti à la constitution de ghettos dans les banlieues françaises. D'un point de vue politique, c'est le contraire qui a été décidé, même si les pouvoirs publics ont mis du temps à s'occuper du logement des immigrés et de leurs familles.

Jusque dans le milieu des années soixante, l'action publique est quasi inexistante. Les immigrés s'installent dans les anciens parcs immobiliers des centres-villes, souvent insalubres, dans des immeubles promis à la démolition ou dans des hôtels meublés gérés par des « marchands de sommeil ». Lorsque des opérations de rénovation les rejettent vers la périphérie, ils se regroupent par nationalités dans des bidonvilles. L'incendie d'un taudis en 1970, au cours duquel cinq Maliens trouveront la mort, et les mouvements revendicatifs issus de l'après mai 1968 modifieront la donne. D'un côté on décide de faire disparaître les bidonvilles et de reloger les immigrés, de l'autre on leur reconnaît le droit de vivre en famille.

Un début de politique de logement des populations immigrées voit le jour. L'objectif est de les faire entrer peu à peu dans le parc social en évitant le regroupement ou la concentration des communautés. On veut introduire à petites doses des familles immigrées dans les cités, afin qu'elles se fondent dans la population française et s'intègrent.

On choisit donc une politique de quotas. Il n'est pas question de construire des immeubles pour immigrés, mais dans les grands ensembles existants ou à venir, de leur réserver des logements. En contrepartie de contributions financières, les organismes HLM s'engagent à faire entrer dans leur parc ces familles d'origine étrangère.

Les premiers effets de cette politique sont positifs. La situation des immigrés s'améliore car les logements qui leur sont attribués sont sans commune mesure avec ceux qu'ils occupaient auparavant. Par ailleurs, dans les quartiers, on voit cohabiter des familles françaises et des familles d'origine étrangère. Durant quelques années, les grands ensembles ont connu une réelle mixité.

Mais celle-ci n'a pas duré, pour des raisons de nature diverse, dont l'effet conjugué a produit des phénomènes de regroupement ou de concentration. Cette concentration a d'ailleurs été autant sociale et économique qu'ethnique. Les « ghettos » de banlieue furent d'abord et sont encore des ghettos de classe.

Dès les années soixante, le parc social qui doit accueillir les familles immigrées est dégradé. Si les bailleurs sociaux respectent les quotas au niveau de l'ensemble de leur parc, ça n'est pas tout à fait vrai à l'échelle des quartiers, voire des immeubles. Le souci de la vacance ou la hantise du logement vide fera souvent passer au second plan le respect des quotas et de la mixité. Des réhabilitations sont entreprises et des logements neufs construits, mais ils sont rarement destinés aux immigrés. En parallèle les quartiers se paupérisent. Avec la crise et le départ des classes moyennes, il ne reste que les plus pauvres ou ceux qui n'ont pas de projet immobilier. Parmi eux, de nombreux Nord-Africains, qui veulent toujours rentrer chez eux et ne souhaitent pas s'installer durablement.

La diminution de construction de logements sociaux dans les années quatre-vingt, alors que les enfants de la première génération d'immigrés arrivent en âge de se marier et ont besoin de se loger, aggrave la situation. Par ailleurs, en 1981 et 1982, les lois de décentralisation, par la maîtrise des permis de construire, permettent aux communes de s'opposer à la construction de logements sociaux. Certaines d'entre elles, de droite comme de gauche, ne voudront plus loger les populations immigrées, hormis celles déjà installées sur la commune et leurs enfants. Alors, les conditions de logement des immigrés vont de nouveau se dégrader. Ils iront s'installer ou seront envoyés dans les quartiers les plus défavorisés ou dans des programmes qu'on ne songe plus à réhabiliter, là où vivent déjà des familles immigrées.

Dans les faits aujourd'hui, et au sens strict du terme, les banlieues françaises ne sont pas des ghettos ethniques. Il est vrai qu'à l'origine, des villes ont été des lieux d'arrivée massive de certaines communautés : Champigny ou Villeneuve-le-Roi pour les Portugais, Ivry, Nogent-sur-Marne ou Nice pour les Italiens, Lille ou Lens pour les Polonais, Nanterre ou Mantes-La-Jolie pour les Maghrébins.

À partir d'un premier noyau installé, les communautés ont irradié vers les villes voisines. Mais, contrairement à ce qui se passe aux États-Unis, de nombreuses communautés cohabitent dans un même quartier et les spécificités ethniques n'y sont pas très marquées. À Chanteloup-les-Vignes par exemple, où résident plus de 40 % d'étrangers, une cinquantaine d'ethnies cohabitent, tandis qu'à Sarcelles plus de 90 nationalités se côtoient.

Pourtant la sensation d'enfermement d'une partie des habitants de ces quartiers est réelle. Des frontières, matérielles ou symboliques, sont apparues entre les quartiers et le « monde extérieur », parfois éloigné de quelques centaines de mètres seulement. Les jeunes désœuvrés hésitent entre l'intégration et une volonté de mettre en avant leurs particularismes et leurs origines, cette dernière tendance ayant actuellement leur préférence. Au départ regroupés autour de problèmes communs, ils se découvrent ou s'inventent des racines communes qu'ils puisent dans un fonds familial et une histoire culturelle ou nationale dont ils ont un peu vite tendance à se faire les héritiers et surtout les victimes.

Les banlieues françaises ne sont pas des ghettos ethniques, mais au-delà des mots, on peut dire que la mixité n'est plus la règle. De plus en plus, les quartiers populaires prennent un visage coloré qui fait croire à leurs habitants qu'ils sont laissés « entre eux » et abandonnés.

MALAISES DANS LES BANLIEUES

« Les banlieues sont des zones de non-droit. »

On identifie aisément les banlieues aux problèmes de criminalité, de délinquance et de violence. Il est vrai que depuis les images des premières émeutes de Vaulx-en-Velin en 1981, suivies de beaucoup d'autres, les médias ont théâtralisé le phénomène (voitures brûlées, vitrines défoncées, jeunes cagoulés, etc.). À certains moments on croit les banlieues à feu et à sang, à d'autres on laisse supposer que le calme est revenu et qu'il ne s'y passe plus rien. Mais si les médias assurent la diffusion de la violence urbaine et en amplifient les effets, ce ne sont pas eux qui l'ont fait naître. Qu'en est-il réellement ?

Il faut trouver le bon thermomètre, là est la difficulté. On risque toujours de sous-estimer ou d'exagérer. On a longtemps masqué le phénomène, soit parce qu'on ne voulait pas y croire, soit parce qu'on ne pouvait pas le voir. Longtemps, l'insécurité dont se plaignaient les habitants de certains quartiers était ramenée à un ressenti ou un fantasme qui faisait douter de sa réalité. L'insécurité n'est pas réelle, disait-on, c'est une vision du monde, notamment celle de « petits Blancs » aigris et racistes qui rêvent de pratiquer l'autodéfense et de s'organiser en milices.

Mais peu à peu il a fallu se rendre à l'évidence : l'insécurité n'était pas pure imagination. Dans les années quatre-vingt-dix, elle devient d'ailleurs la première préoccupation des Français, elle l'est toujours aujourd'hui.

Mais si l'on veut bien croire à la réalité de l'insécurité, il n'est pas toujours facile de la voir. L'insécurité dont se plaignent les habitants des quartiers n'entre pas dans les catégories ou classifications habituellement employées par la police ou la justice. La délinquance enregistrée ne comprend que les crimes, les délits et les contraventions de cinquième classe ayant fait l'objet d'une transmission au parquet. Le reste est passé sous silence ou n'est pas pris en compte, comme le montrent toutes les enquêtes de victimisation.

Or, dans les quartiers, zones plus pauvres qu'ailleurs, n'ayant pas de richesses particulières, peu d'activités économiques et pas de tourisme, les statistiques de la délinquance sont plus basses que dans d'autres endroits. Ce n'est pas de cette insécurité-là dont les habitants se plaignent, mais de ce que l'on appellera bientôt les incivilités qui, outre des délits réels, rassemblent divers manquements aux règles de la vie collective et sapent les fondements de ce que Sebastian Roché appelle l'« ordre social ordinaire ». Elles vont du marquage de l'espace public (tags, graffitis, dégradations diverses…) à des jeux violents ou des attitudes agressives, en passant par l'occupation bruyante des espaces collectifs et des comportements hostiles (regards, moqueries, insultes, bravades…) Elles ont lieu à l'intérieur des quartiers, dans les rues, les ascenseurs, les halls d'immeubles, mais peuvent aussi se propager dans des environnements proches (commerces, lignes de bus, écoles…)

La plupart de ces actes sont difficiles à suivre et à mesurer. Si les habitants s'en plaignent – et en souffrent – ils déposent rarement plainte, parfois par peur des représailles, surtout par découragement. Beaucoup de ces « délits » sont en effet classés sans suite par la justice à cause de la faiblesse du préjudice ou de la futilité apparente de l'action.

Les habitants, obligés de faire avec, ont depuis longtemps adopté des stratégies d'évitement. Ils ne sortent pas à certaines heures – c'est ce que d'aucuns appellent le couvre-feu dans les quartiers, cette heure où les habitants sont rentrés chez eux et où les commerces, les services publics et les administrations ferment leur porte. Ils se refusent à emprunter certaines lignes de train ou d'autobus ou évitent certains arrêts. Ils ne partent pas en vacances pour n'être pas cambriolés. Ils se font tout petits lorsqu'ils rentrent ou sortent de chez eux et prennent l'habitude de baisser les yeux.

Depuis, les services de police et la justice ont tenté de mieux appréhender le phénomène. De nouveaux outils statistiques ont été mis en place pour tenter de mesurer les différents degrés de la violence urbaine. Les tendances qui s'en dégagent montrent une extension du phénomène sur les dix dernières années. Le nombre de quartiers touchés augmente, même si la violence peut régresser dans certains autres, voire disparaître. On sait aussi que cette violence a un caractère saisonnier et qu'elle est le fait de mineurs de plus en plus jeunes.

Peut-on pour autant parler de « zones de non-droit », des lieux où la loi ne s'appliquerait pas et où les représentants des institutions, notamment la police, ne pourraient plus pénétrer ? Non. Il existe des zones où la police a comme instruction de ne plus entrer (sauf pour intervenir en force), car sa simple vue est perçue comme une provocation par certains jeunes désœuvrés ou marginalisés qui trouvent là prétexte pour riposter et entrer dans une escalade violente. Ces instructions sont d'ailleurs mal comprises par les habitants qui aspirent à une présence policière – ce qui ne signifie nullement une présence « sécuritaire » – et qui, lorsque celle-ci fait défaut, ont une fois de plus le sentiment d'être livrés à eux-mêmes. Parmi eux se trouvent un grand nombre de jeunes que la présence ou la proximité de la police rassure, parce qu'elle les protège ou les empêche d'être aspirés dans la violence. Il ne faut en effet jamais oublier que les premières victimes de la violence des jeunes sont les jeunes eux-mêmes.

La violence peut se déchaîner et trouver son apogée dans les émeutes. D'aucuns ont pu y voir des jacqueries modernes, formes renouvelées de la riposte des « petits » contre les « grands ».

Des observations moins poétiques et plus réalistes ont noté le côté souvent dérisoire du point de départ d'une émeute. Parfois il y a un fait patent, une injustice manifeste ou un crime, par exemple un jeune blessé ou tué par les forces de l'ordre lors d'une arrestation, mais au final c'est assez rare. La plupart du temps l'événement est moins grave mais il entraîne réactions et ripostes et la spirale de violence est déjà enclenchée que l'on s'interroge encore pour savoir « qui » a commencé et ce qui s'est réellement passé.

Ce qui circule après, c'est moins le fait lui-même que son récit et sa dramatisation. Un premier groupe raconte l'histoire à sa façon, elle se diffuse, les familles s'en mêlent – encore qu'elles peuvent aussi être un facteur d'apaisement – puis l'ensemble des jeunes du quartier, puis ceux des quartiers environnants. Déformée et romancée, la maladresse, la méprise ou la peur devient une inacceptable bavure policière, voire un meurtre prémédité. Du côté des forces de l'ordre aussi, et en dehors du quartier, on (se) raconte une histoire et on narre les choses à sa façon. Tant que ces histoires circulent, les émeutes durent et traumatisent la population.

Dans certaines cités de banlieue, la violence est devenue un fait ordinaire et une habitude. Mais elle n'a pas atteint un niveau tel qu'elle serait irréversible. Nous l'avons dit, elle s'est résorbée dans certains endroits et a fini par disparaître. Les actions conjuguées de la police, des travailleurs sociaux, des institutions, ainsi que les efforts et les initiatives des habitants, y ont fortement contribué.

Il reste difficile d'apprécier la réalité de la délinquance et de l'insécurité dans les quartiers. Des périodes très calmes peuvent suivre des moments d'explosion, tandis que des cités où a priori rien ne se passe sont en réalité la proie d'autres formes de délinquance, plus sourdes et discrètes, comme celles issues du « bizness » et de l'économie souterraine.

« La violence vient surtout des jeunes. »

Je m'appelle Slimane et j'ai 15 ans.
J'habite chez mes vieux à La Courneuve.
J'ai mon CAP de délinquant (...)
J'aime surtout ce qui vous fait peur, la douleur et la nuit.

Chanson de Renaud, « Morgane de toi », 1983

Les communes où sont installés les quartiers ou les cités sensibles sont globalement plus jeunes que la moyenne française. La démographe Michèle Tribalat a par exemple calculé qu'à Vénissieux et Dreux les moins de 25 ans regroupent 39 % de la population pour l'une et 44 % pour l'autre, alors qu'ils ne représentent que 25 % de l'ensemble de la population française (chiffres issus du recensement de 1990). Ces communes connaissent également une concentration de jeunes d'origine étrangère. En 1990, on pouvait estimer à environ 3 millions le nombre de jeunes de 0 à 25 ans d'origine étrangère, soit environ 17 % de la classe d'âge. Comme toute moyenne, ce chiffre masque une grande diversité de situations. Ces jeunes ne sont pas également répartis sur tout le territoire français. Dans certaines régions, comme la Bretagne ou le Massif Central, ils sont quasiment inexistants, dans d'autres, comme la Seine-Saint-Denis, ils représentent 45 % de la classe d'âge. Les communes qui connaissent une forte concentration de jeunes d'origine étrangère sont pour la plupart des villes ouvrières avec un habitat social dense et un niveau socioculturel faible. La concentration de ces jeunes peut atteindre 60, 70 ou 80 % dans les quartiers défavorisés (Les Chamards à Dreux, Les Minguettes à Vénissieux).

La jeunesse des quartiers défavorisés de banlieue ne signifie pas que tous les jeunes – notamment ceux d'origine étrangère – habitant ces quartiers, commettent des actes incivils, soient auteurs de délits, se battent avec les forces de l'ordre, fassent partie de bandes, participent à des émeutes ou soient violents. Les jeunes violents ou délinquants sont même une minorité, mais une minorité visible dont les attitudes, les postures et les actes sont explicites, démonstratifs et spectaculaires. Parfois objectivement violents, physiquement ou verbalement – insultes, agressions, coups, bagarres – ces jeunes sont également perçus comme violents par ce qui se dégage d'eux dans leur langage, leurs gestes, leurs regards ou leur manière d'être (langage d'initiés, tenues vestimentaires, manifestations collectives, occupation de l'espace, etc.). Violence et jeunesse vont naturellement assez bien ensemble. La violence, si l'on entend par-là une manifestation outrée de l'expression de soi ou une démonstration agressive de son identité, est un mode d'être jeune, une force par nature juvénile, un appel de la vie. Aussi les jeunes, tous les jeunes, parce qu'ils sont dans la force de l'âge, détiennent un potentiel d'énergie. Si celui-ci n'est pas canalisé ou s'il l'est mal, alors cette énergie risque de basculer dans des postures ou des actes de violence. C'est une façon pour elle de trouver à s'employer, faute de mieux.

Parce qu'on la voit – parce qu'elle est également très souvent montrée – parce qu'elle heurte les règles usuelles de l'ordre ordinaire (règles de civilité, de politesse, de savoir-vivre, de présentation de soi, de relation aux autres, etc.), parce qu'elle fait peur ou fascine, la « violence des jeunes » tend à devenir un signe distinctif des quartiers, une illustration de leurs maux, un étendard ou leur emblème. On croit souvent qu'il suffit de tirer ce fil pour dérouler la pelote entière des causes du malaise ou du mal-vivre des banlieues.

C'est pourtant très insuffisant car ce qu'on appelle « violence des jeunes » recouvre très imparfaitement les nombreuses et différentes formes de violence qui sévissent dans les quartiers. La violence des jeunes – plus précisément la violence explosive – est comme l'arbre qui cache la forêt. Lorsqu'elle se manifeste – ou lorsqu'on va la chercher – on ne voit plus qu'elle et on oublie le reste.

Le reste, c'est toujours la violence des jeunes, mais d'une autre nature ou sous d'autres formes, la violence retournée contre soi. On ignore ou on oublie que si la violence peut être extériorisée et utiliser l'autre comme support ou objectif, elle peut aussi ne pas dépasser les limites de soi. La force ou l'énergie sont identiques, dans un cas on les tourne contre le monde, dans l'autre contre soi-même. C'est ainsi qu'un nombre inquiétant de jeunes des quartiers ou des cités adoptent des conduites d'autodestruction : alcoolisme, drogue, prise de médicaments, accidents volontaires ou provoqués (accidents de la route par exemple), suicides.

La violence, c'est aussi celle qui est tournée contre les jeunes, une violence dont ils ne sont plus auteurs mais victimes. En particulier, on devra sérieusement considérer la violence à l'intérieur des familles. Celle-ci peut aller de la précarité matérielle et sociale dans laquelle vivent des jeunes ou des enfants, précarité aggravée par le chômage, la maladie ou la séparation des parents. Jusqu'à des relations intergénérationnelles conflictuelles qui conduisent certains jeunes à fuir le foyer parental, fuite qui peut les entraîner vers l'errance et la clochardisation. À l'inverse, particulièrement pour les jeunes filles d'origine étrangère, ces conflits mènent parfois à des formes de séquestration, depuis la surveillance stricte de l'emploi du temps et des horaires, jusqu'à l'interdiction pure et simple de toute activité extérieure ou sortie hors du domicile.

La violence est donc aussi celle des adultes. Moins spectaculaire et plus discrète, la violence des adultes dans les cités n'en est pas moins réelle et parfois dramatique. Elle reste confinée à l'intérieur des logements ou elle apparaît dans des endroits bien particuliers ou des moments spécifiques de la vie du quartier. Par exemple sur la place ou dans le café où se retrouvent les hommes, notamment les pères immigrés, silencieux et discrets. Ou bien au bureau de poste, au centre d'action sociale, à la caisse d'allocations familiales, à l'ANPE, où se rassemblent principalement des femmes et des mères, qui viennent toucher un chèque ou faire valoir leurs droits.

Ici se donne à voir le quart-monde des quartiers, cette partie de la population, silencieuse et résignée, dont l'amertume reste enfermée en chacun – contrairement aux formes explosives de violence qui se tournent contre le voisinage ou l'environnement – et débouche sur la plainte et la dépression. Il faudra un jour que l'on prenne la peine de mesurer le coût social collectif de ces pathologies individuelles. Les populations des quartiers n'ont certes pas l'apanage de l'ennui, de l'insatisfaction ou de l'impuissance. Ces maux touchent tous ceux qui aujourd'hui ont l'impression de mal vivre et ne peuvent être, même en partie, les acteurs de leur propre vie. Mais dans la mesure où les quartiers cumulent et concentrent des difficultés sociales et matérielles, dont certaines sont dramatiques, il n'est pas étonnant qu'on y trouve aussi un grand nombre de difficultés psychologiques et affectives.

La violence des quartiers est encore celle manifestée par les agents et les institutions directement ou indirectement présents et dont l'action détermine ou influence la vie ordinaire des habitants. La violence institutionnelle peut être inscrite dans les modes d'organisation même de ces services ou administrations. Les témoignages, les vécus ou ressentis des usagers – particulièrement les plus démunis – illustrent cette violence qui se donne notamment à voir dans des formes outrées de soumission ou de dépendance. Quant à la violence commise par les agents, elle n'est souvent que la réponse à des violences subies dont ils ne comprennent pas les causes.

On peut considérer que la violence des jeunes n'est que le produit d'une société violente et qu'à ce titre elle ne mérite pas la stigmatisation dont elle est de plus en plus l'objet. Néanmoins, de façon tout aussi valable, on peut estimer que la violence des jeunes est particulièrement intolérable. Car elle menace les sécurités de base, dont tout individu a besoin pour vivre, et qui garantissent l'existence même du vivre ensemble.

« L'exclusion et le désœuvrement sont les causes de la violence des jeunes. »

Cette rage mâtinée de griserie n'est pas un phénomène marginal mais bien une lame de fond. Elle est la marque des fils perdus du béton et de la haine, des adolescents pour lesquels la horde est devenue une famille, l'écran un miroir, la bagarre un rituel.

Philippe Broussard, *Le Monde,* **mars 1994**

La crise économique est une des causes le plus souvent évoquées pour expliquer la croissance de l'insécurité ou la montée de la violence dans notre pays. Il est indéniable que la situation économique des années quatre-vingt-dix et la dégradation du marché de l'emploi qu'elle a occasionnée n'est pas pour rien dans l'ampleur prise par les violences urbaines.

Cette dégradation a pour conséquence directe le chômage, lequel peut contribuer à faire naître une délinquance ou une violence d'acquisition, résultant notamment d'une jalousie envers les possédants doublée d'une envie de leur ressembler. La violence d'acquisition est produite par la société de consommation, omniprésente dans le monde moderne. Les valeurs auxquelles se réfèrent la plupart des jeunes des quartiers sont largement inspirées par l'idéal de consommation, de progression individuelle, de standing, de reconnaissance par l'apparence, de réussite rapide accessible à tous et sans préalable requis. Ce sont de telles valeurs qui incitent les jeunes à porter tel vêtement ou telle marque pour être reconnus ou respectés.

Or, ces valeurs ne sont classiquement pas celles des quartiers défavorisés qui, pendant longtemps, ont été identifiés et se sont définis comme des quartiers ouvriers. La raréfaction de l'emploi et la transformation du marché du travail ont modifié les perceptions et les modes de vie attachés au monde ouvrier. Cette appartenance, parfois revendiquée comme telle – voir l'époque de la « banlieue rouge » où une grande partie des quartiers était située dans des communes gérées par des élus communistes – avait des vertus. Elle permettait une entrée rapide des jeunes dans le monde du travail, quasi indépendamment de leur parcours et de leurs résultats scolaires, en suivant la voie leur permettant de devenir de futurs ouvriers. Cette intégration dans l'univers de la production servait de marqueur ritualisé du passage de l'adolescence à la vie adulte et sonnait l'arrêt de comportements ou attitudes potentiellement délinquants : commencer à travailler c'était arrêter ses bêtises et se ranger. Enfin cette entrée dans le monde du travail garantissait et pérennisait une homogénéité et une solidarité intergénérationnelles – singulièrement entre les pères et les fils – dont la défaillance, aujourd'hui, a des effets pernicieux qui contribuent au développement de la violence.

Pourtant, l'augmentation de la délinquance et de l'insécurité ne date pas de la crise. Elle apparaît à la fin des années cinquante, soit en période de pleine croissance économique et de plein emploi. Aussi, s'il y a une corrélation évidente entre le chômage et la délinquance, l'un n'entraîne pas systématiquement l'autre. On pourrait même faire l'hypothèse inverse, à savoir qu'à chaque époque de croissance et bien-être matériel, de croyances partagées, de valeurs communes et de confiance dans l'avenir, apparaissent des contre-manifestations, discrètes ou explosives, de dépression, d'ennui et d'impuissance.

Le désœuvrement des jeunes des quartiers est lié à ce qu'une partie d'entre eux ne trouve pas de travail, nous l'avons dit, mais il est surtout lié à ces formes pathologiques du malaise social. Quand on a l'impression de ne pas avoir d'avenir – alors qu'il en existe de tout tracés autour de soi – et lorsqu'on manque d'espoir, la violence est un excellent succédané et une façon de se sentir exister. Car elle fait vibrer, procure des sensations riches et des émotions fortes et donne l'illusion d'exister aux yeux du monde, particulièrement à ceux des copains et de la cité.

Dans cette optique, les bagarres entre jeunes ou les affrontements avec la police peuvent être le catalyseur puissant de toutes les frustrations. Celles-ci peuvent déboucher sur des formes plus inédites de violence, violences de dégradations ou vandalisme. Ces formes sont probablement les plus inquiétantes car elles s'appuient sur la rage qui emporte tout sur son passage et ne trouve sens que par la haine qui vient l'alimenter. Ces violences dures et démonstratives puisent leurs sources et trouvent leurs héros dans des conduites viriles et machistes où sévissent la loi du plus fort et la loi du talion.

L'exclusion est également souvent citée comme cause de la violence des jeunes. La paternité de cette notion est généralement attribuée à Alain Touraine qui discernait, dans les années quatre-vingt-dix, l'effacement d'une domination verticale (ceux d'en haut dominant et opprimant ceux d'en bas) et son remplacement par l'exclusion, à savoir une mise à distance horizontale éloignant ceux qui sont « dedans » de ceux qui se tiennent à la périphérie de la société.

La notion d'exclusion a été maintes fois utilisée et est aujourd'hui passée dans le langage courant. Mais on ne sait pas toujours ce qu'elle désigne et l'on peine à discerner les processus réels et concrets qui permettraient d'établir qui exclut et qui est exclu et comment cela se fait. Aussi l'exclusion est-elle devenue une formule qui désigne un procédé aveugle ou mécanique, extérieur et discret, parfois même un phénomène quasi naturel d'évolution de nos sociétés.

Il n'est donc pas étonnant qu'elle soit empruntée par ceux-là mêmes qui en subissent les effets. Le malaise et le mal-être des habitants des quartiers défavorisés sont réels. Réelles aussi, et nombreuses, sont les discriminations qu'ils subissent, particulièrement les jeunes, encore plus s'ils sont d'origine étrangère.

Mais manquer d'espoir, être dominé et souffrir de discriminations est une chose, entretenir un discours de victimisation en est une autre. Or, nombreux sont les jeunes qui s'alimentent d'un tel discours et le transmettent autour d'eux. Cantonnés dans le quartier et tournant en circuit fermé, il leur est difficile d'échapper à la pression du groupe et sa vision du monde, en vertu de laquelle ils se reconnaissent et s'identifient comme des victimes. Ils nourrissent alors un sentiment d'exclusion qui peut attiser la violence et leur donner envie de se venger. Certains d'entre eux entrent alors dans une logique paranoïaque et perçoivent comme des ennemis potentiels tous les représentants de cette société « qui les rejette ». D'où les agressions et les attaques contre les chauffeurs de bus, les enseignants ou les policiers.

C'est l'effet conjugué du désœuvrement et du sentiment d'exclusion, de discriminations réelles et d'une victimisation, qui incite à des explosions de violence – sources d'excitations immédiates – plutôt qu'à des efforts tendus vers une progression sociale longue et incertaine ou un combat ardu pour modifier, par les armes de la parole et du politique, la situation existante.

« Les violences urbaines sont commises par des bandes ethniques. »

Ce ne sont pas les Arabes que l'on récuse.
La cible de l'hostilité n'est pas l'étranger
exotique ou le musulman pratiquant (...)
mais le jeune Beur que l'on fréquente
au quotidien et dont on dresse un portrait ethnique.
Ce qu'on dénonce c'est son comportement de loubard,
mais pour le désigner on dit Arabe.

Olivier Roy, *Esprit*, mai 1993

L'existence de bandes de jeunes – et de bandes d'enfants – ne date pas d'hier. C'est un phénomène ancien dont on trouve trace à plusieurs reprises dans le passé. Pensons aux bandes de la « zone », cet espace qui s'étendait au début du XXe siècle aux pieds des fortifications et abritait des habitations de fortune où vivaient des populations pauvres. Au milieu des chiffonniers, des nomades ou des ouvriers, les « Mohicans » ou les « Apaches » trouvaient refuge au retour de leurs descentes vers les beaux quartiers de la capitale. Ces bandes, fortement structurées, avaient leurs rituels, leur hiérarchie et leur code de l'honneur. C'étaient les premiers sauvages urbains.

Mais les bandes, ce sont aussi les gangs américains, les blousons noirs, les zoulous, les *hell's angels,* les skins, chacune avec ses particularités et son histoire – ses tenues, ses codes, ses symboles, ses rites, ses leaders – chacune née à une époque et disparaissant ensuite. On peut repérer leurs points communs ou leurs similitudes – valeurs viriles et machistes, code de l'honneur, attrait pour la violence – ou mettre en lumière leurs différences – plus ou moins de hiérarchie, présence constante ou épisodique de leaders, structuration forte autour d'un chef ou assemblage informel autour d'un noyau dur, etc.

Les bandes de jeunes des quartiers ou des cités semblent assez éloignées des « Apaches » de la zone ou des gangs américains.

Il vaudrait mieux parler de groupes ou de réseaux plutôt que de bandes structurées et hiérarchisées, ce qui ne signifie pas que ces « groupes » aujourd'hui soient moins dangereux ou moins violents que les « bandes » hier. À y regarder de près, on note que les bandes de jeunes ont peu ou prou suivi la même évolution que les autres groupes sociaux ou les collectifs modernes. Les modes d'agrégation y sont plus souples, plus élitaires et plus provisoires qu'auparavant.

En réalité, il faut considérer deux types de bandes. Les premières sont les bandes de la cité, petits groupes qui se retrouvent tous les jours et traînent ensemble. Ils occupent l'espace de façon démonstrative et s'approprient les lieux stratégiques du quartier. Ils peuvent être les auteurs d'incivilités qui minent la vie ordinaire des habitants (tags, graffitis, squats des halls d'entrée, etc.)

Les secondes sont les bandes qui se constituent à l'occasion de bagarres ou d'affrontements. Lorsqu'une bagarre éclate, c'est souvent autour des bandes de quartier, déjà existantes, que viennent s'agréger un nombre croissant de jeunes – qui peut aller jusqu'à 150 ou 200 – lesquels, sitôt l'affrontement terminé, disparaissent dans la nature ou retournent à leurs occupations. Il n'est pas rare de voir dans ces bagarres la participation de jeunes qui n'ont jamais fait l'objet de poursuites judiciaires, qui sont inconnus des services de police et habituellement pas identifiés comme violents. Dans ces bandes de circonstance se côtoient des jeunes parfaitement intégrés – par exemple des jeunes qui travaillent et ont commencé une vie autonome et adulte – et des jeunes « désocialisés » dépendants.

Ce qui les réunit et les identifie le plus fortement, c'est leur territoire, le quartier ou la cité qui les a vus naître ou dans lesquels ils ont passé une partie de leur enfance et de leur adolescence. Ce territoire est à leurs yeux sacré et tout ce qui leur paraît relever d'une incursion ou d'une transgression est vécu comme une provocation.

Cela ne signifie nullement qu'on ne peut pénétrer dans ces quartiers. La plupart du temps on y entre et on en sort aussi facilement qu'ailleurs. Mais cela veut dire que, parfois, certains sont considérés comme des indésirables. Cela peut être le cas de ceux qui incarnent le pouvoir central ou représentent la société, ou encore ceux qui sont censés maintenir l'ordre sur le territoire français. Identifiés comme des intrus, leur rejet nourrit la volonté d'appropriation de leurs territoires par certains groupes, volonté qui devient un jeu – avec les forces de l'ordre notamment – et un enjeu symbolique. Plus souvent, et plus classiquement, les intrus sont d'autres groupes ou d'autres bandes vivant dans d'autres quartiers. Lors des rencontres, hasardeuses ou volontaires, entre ces groupes, un geste ou un regard suffisent. La rage, la haine, ou tout simplement l'envie de se battre, trouvent à s'exprimer, tandis que la bagarre trouvera place dans la mémoire collective du quartier. Cette mémoire tient le compte et narre l'histoire de rivalités qui existent depuis des années, dont l'origine se perd mais que l'on renouvelle ; la mémoire peut ainsi se transmettre et perdurer.

Les conflits avec les représentants de la société ou entre bandes sont en croissance depuis ces dernières années. Ils touchent de plus en plus de quartiers. Ces affrontements connaissent aussi une extension géographique et gagnent des espaces qui ne se situent plus à l'intérieur des frontières strictes du quartier ou de la cité. On les trouve par exemple dans des grands centres commerciaux, sur des lignes de transport (RER à Paris, tramway à Strasbourg) ou à l'occasion d'événements (rencontres sportives, fêtes…) qui peuvent avoir lieu très loin des territoires considérés.

La notion de « bande ethnique » a été à l'origine brandie par le Front National pour faire l'amalgame entre les violences commises par certains groupes de jeunes – élevées au rang de « violences urbaines » – et la présence, sur le territoire national, des populations immigrées et de leurs enfants. Après avoir tenté de rendre les immigrés responsables du chômage, le FN enfourchait son nouveau cheval de bataille : les immigrés responsables de la violence et de l'insécurité.

Cette assertion est partiellement fausse. Les bandes – bandes de quartier ou d'affrontement – sont encore des lieux de métissages, à l'image des territoires dont elles viennent. La valeur dominante est celle du quartier ou de la cité et l'attachement territorial prend le pas sur les références ethniques. La solidarité qu'implique le fait de vivre ou d'avoir vécu dans un même quartier est plus forte que l'appartenance à une culture ou une communauté d'origine. Ce ne sera peut-être pas toujours vrai.

Comme la dimension ethnique ne peut pas être totalement ignorée au vu de la concentration de populations d'origine étrangère dans les quartiers, elle ne peut pas non plus totalement l'être lorsqu'on se penche sur les phénomènes de bandes.

Il se trouve que les bandes sont surtout constituées de jeunes d'origine étrangère, précisément d'origine maghrébine et de plus en plus africaine. Nous avons vu précédemment que les banlieues ont été petit à petit délaissées par les classes moyennes et les Français de souche attirés par l'investissement immobilier. Ne sont restées dans les quartiers, en grande majorité, que des familles d'origine immigrée touchées par les discriminations et victimes de l'exclusion.

Le mal-être ayant souvent pour conséquence une recherche d'identification, celle-ci peut passer par une mise en avant de sa culture ou de sa communauté d'origine. Lorsque les jeunes issus de l'immigration se définissent d'abord comme des Beurs ou des Arabes, ils s'intègrent dans la lignée de leur famille ou de leur pays. Ils (se) construisent une histoire à partir d'emprunts du passé plus ou moins fondés, d'une mémoire familiale généralement vécue sous le signe de la honte et d'un imaginaire bricolé qui puise aussi bien dans la « culture américaine » qu'aux nouvelles tendances européennes ou françaises. De cette identité ils peuvent tirer fierté, mais elle est surtout une manière de mettre en acte le ressentiment de leurs pères et celui qu'eux-mêmes connaissent par l'exclusion, réelle ou supposée, qu'ils subissent.

On ne peut enfin ignorer que les bandes s'« ethnicisent » par la volonté des jeunes de ressembler à l'image que l'on se fait d'eux. Si l'on a tôt fait de plaquer sur les délinquants ou les violents des quartiers la figure de l'Arabe, il ne faut pas s'étonner que par effet retour, les groupes ou les bandes de jeunes s'identifient et se vivent sur un registre ethnique.

« Les écoles de banlieue sont envahies par la délinquance. »

Ouvrez des écoles, vous fermerez des prisons.
Victor Hugo

École inadaptée, enseignement déconnecté de la réalité, enseignants non motivés, mal soutenus et peu reconnus, élèves révoltés et sans but… tous les ingrédients sont présents pour que les écoles des quartiers deviennent le théâtre de violences.

Contrairement à ce que l'on croit, la violence à l'école n'est pas un phénomène nouveau. Les vols, les rackets, les trafics de drogue, les affaires de mœurs ou les agressions ont toujours existé, même s'ils ont considérablement augmenté ces dernières années. On doit aussi noter que malgré les actes de violence perpétrés en son sein, l'école reste un lieu relativement protégé qui, même dans les quartiers particulièrement défavorisés ou très durs, parvient peu ou prou à remplir sa mission, ou, si ce n'est le cas, reste un élément régulateur et positif pour le quartier. Par ailleurs, à force de stigmatiser la violence scolaire en banlieue, on oublie qu'elle existe aussi ailleurs, sous des formes plus discrètes ou davantage tolérées (le bizutage par exemple).

Il n'en reste pas moins que l'école souffre dans les quartiers et les cités. En tant qu'institution d'une part, qui voit ses principes et ses règles bafoués ou inapplicables de fait, à travers ses publics d'autre part, les enseignants et le personnel éducatif, mais surtout les enfants.

L'école était bien adaptée à un contexte particulier. Elle était – et est encore – fondée sur une méritocratie qui, on le sait, profite avant tout aux milieux privilégiés. Mais pas seulement, car elle a permis à des générations d'enfants de paysans et d'ouvriers de gravir les échelons de l'échelle sociale. En outre, ceux qui ne réussissaient pas avaient la possibilité d'entrer dans la vie active, notamment via des établissements professionnels. Aussi avaient-ils toujours une place dans la société, voire la possibilité de rejoindre par d'autres moyens le peloton des gagnants de la société industrielle. Aujourd'hui, avec la massification de l'enseignement, la volonté d'augmenter le niveau de qualification des classes d'âge, le chômage – particulièrement le chômage des jeunes – et les ratés de l'ascenseur social, tous les élèves doivent suivre le même parcours, qu'ils soient bons ou médiocres, motivés ou passifs et indifférents, soutenus par leurs familles et leur environnement ou entraînés vers des voies contraires aux missions et aux principes de l'école. Avec la réduction drastique des filières et des redoublements, la diminution des sorties précoces du système scolaire, un grand nombre d'enfants arrivent en sixième en étant passés entre les mailles du filet. Ils présentent de grosses difficultés de lecture et d'écriture et certains sont proches de l'analphabétisme. Mais au nom de l'égalité on les maintient dans un système qui depuis plusieurs années, parfois dès l'entrée au CP, ne les reconnaît pas – ils sont les « mauvais élèves » – et envers lequel ils font preuve d'un profond ressentiment.

Le principe d'égalité est en outre indissociable de celui de la mixité. La création de la carte scolaire – qui impose d'inscrire son enfant dans l'école du secteur où réside la famille – et celle du collège unique – où l'on a voulu mélanger les anciens bons élèves des lycées avec ceux qui venaient des CEG (collège d'enseignement général) issus des classes moyennes ou populaires – allaient parfaitement dans ce sens. Mais on voit aujourd'hui se constituer des classes, voire des écoles entières, de bons élèves et à l'inverse des classes ou des écoles d'élèves médiocres ou mauvais. Plus que les quartiers, les écoles sont devenues les véritables lieux de la concentration et de la « ghettoïsation » sociale. Les habitants déploient des stratégies inédites et efficaces pour que leurs enfants échappent à l'école publique locale, généralement perçue comme synonyme de violence et d'échec scolaire. Tous, toutes communautés confondues, jouent avec la carte scolaire en obtenant des dérogations pour inscrire leur enfant dans d'autres écoles, publiques ou privées, situées loin du quartier. À ce rythme il ne restera bientôt plus dans les écoles publiques des quartiers que les enfants dont les familles sont empêchées de partir par indigence financière ou ignorance des filières et des logiques institutionnelles. Et le décalage ira croissant entre les écoles des quartiers protégés et les autres.

La dégradation du cadre de vie et des conditions socio-économiques dans les quartiers produit des écarts entre les objectifs de l'institution scolaire et la réalité quotidienne vécue par les enfants. Il n'est pas rare que le milieu familial empêche l'adaptation de l'enfant aux exigences scolaires. Aller à l'école, suivre les cours et faire le travail demandé devient alors très difficile pour les enfants : manque de place pour étudier à cause de la sur-occupation du logement, ambiance à la maison peu propice au travail individuel, rythmes familiaux incompatibles avec la vie scolaire, mauvaise nutrition, atteintes à la santé ou à l'intégrité de l'enfant, etc. Par ailleurs, certains parents ne mesurent pas toujours l'importance des règles véhiculées par l'école et ne font pas appliquer, ou ne respectent pas eux-mêmes, les principes d'éducation sur lesquels ces règles reposent. Dans certaines familles, toute forme d'autorité a disparu. Comme il n'y a quasiment plus de contraintes à la maison, on voit mal pourquoi et comment l'enfant en accepterait à l'école. Dans d'autres au contraire, l'enfant est soumis à des contraintes rigides, qui contrastent avec le climat permissif de la plupart des écoles d'aujourd'hui.

Dans ces conditions, pour beaucoup de jeunes des quartiers, l'école a cessé d'incarner l'espoir. Ils ne croient plus qu'elle les aidera à s'en sortir dans la vie, c'est-à-dire à leur procurer un métier et les aider à commencer une vie d'adulte. À tort ou à raison, un grand nombre d'enfants pensent qu'elle ne fait plus le poids face à la vie dans la cité et l'exclusion, qui les condamnent à la galère ou à la délinquance, annulant pour eux toute possibilité d'ascension sociale. Il faut alors faire preuve d'une force de persuasion particulièrement puissante pour les convaincre que l'école a encore le pouvoir de les arracher à la spirale de la marginalisation.

Un grand nombre d'écoles de banlieue sont envahies par la violence au quotidien. Même si cette violence a rarement les aspects dramatiques qui sont les plus médiatisés, les chefs d'établissement et les enseignants constatent tous cette augmentation. Cette violence s'exerce à l'encontre du personnel éducatif. Le bavardage, l'insolence, l'irrespect, les retards ou les absences sont autant d'incivilités ou d'agressions quotidiennes vécues par les adultes. Mais les premières victimes de la violence des jeunes sont d'abord d'autres jeunes. Entre eux la violence est diffuse, faite d'agressivité soudaine ou de règlements de compte dans les cours de récréation ou aux abords des établissements. Certains enfants vivent dans un état permanent de crainte et d'insécurité.

Dans ces établissements, les élèves sont devenus « les jeunes ». L'école a cessé d'être ce lieu protégé où l'on intègre les principes fondamentaux de la socialisation, pour devenir un lieu vulnérable dans lequel les jeunes amènent avec eux leurs problèmes et leur galère. La vie de la cité, ses conflits et ses rivalités, ne s'arrête plus aux portes des établissements scolaires, comme ça a été le cas pendant des années, ils en sont aujourd'hui imprégnés de part en part.

Pour un grand nombre d'éducateurs ou d'enseignants, la violence est extérieure à l'école, elle serait le résultat des conditions de vie prévalant dans le quartier – difficultés sociales et économiques, familles désunies, mauvais traitements – qui prédisposeraient à une agressivité réactionnelle. Certains enseignants signalent aussi que des élèves en grande difficulté n'auraient plus leur place dans les écoles et auraient besoin d'un autre type de prise en charge. Il faudrait plus d'assistantes sociales, plus de foyers éducatifs et, dans les cas extrêmes, envisager des prises en charge psychiatriques pour des enfants présentant des pathologies lourdes.

Toutes ces affirmations sont valables et contiennent une grande part de vérité. À ce titre, on doit saluer le fait que l'école est le seul service public systématiquement présent dans tous les quartiers. Bien souvent, les équipes pédagogiques mènent des actions de lutte contre l'exclusion par des prises en charge des enfants au-delà des heures d'enseignement ou en participant aux initiatives et projets menés sur le quartier.

Mais on ne peut négliger le fait que l'école est pour une part responsable de la violence des jeunes dans la mesure où elle est incroyablement violente à leur égard. Tous les « mauvais élèves » ou les « collégiens malgré eux » entrent en classe à reculons, ont le sentiment de gêner, n'y trouvent plus aucun sens. Les enseignants les ont depuis longtemps laissé tomber et leur demandent seulement de se faire oublier. Dans ce cas, on peut voir les incivilités commises par les jeunes et la fronde permanente qui épuise les adultes, comme l'unique façon qu'ont trouvée les enfants de se défendre contre l'institution et ce qu'elle impose.

« Les services publics n'arrivent plus à travailler en banlieue. »

Vous devez devenir les hussards de l'intégration !

André Rossinot, ministre de la Fonction publique
aux fonctionnaires de l'État, juillet 1993

Ces dernières années, deux thèmes ont particulièrement retenu l'attention des médias : les relations conflictuelles entre les « jeunes » et les policiers d'une part, la violence dans les établissements scolaires d'autre part. Plus récemment, on a aussi mis en lumière les agressions ou les incivilités commises contre les représentants des administrations ou des services publics présents dans les quartiers ou les cités.

Cela signifie-t-il que le dialogue devient de moins en moins possible entre ces professionnels et les habitants des quartiers populaires ? Que les difficultés rencontrées par les agents des services publics sont partagées par tous ceux qui travaillent en banlieue – assistantes sociales, éducateurs, médecins, pompiers, etc. ? Que l'on doit craindre encore davantage de violence et en fin de compte un abandon aggravé de ces populations déjà durement éprouvées ?

Il est clair que des réticences existent pour venir travailler dans les quartiers ou les cités de banlieue. Hormis les rares fonctionnaires ou agents qui font le choix de venir – ou celui de rester – on envoie sur ces terrains difficiles les professionnels les moins expérimentés, les plus jeunes policiers ou de jeunes enseignants à peine diplômés qui, pour leur grande majorité, n'ont pas décidé de venir travailler en banlieue et ne connaissent rien à la vie dans un quartier ou une cité.

Or, travailler en banlieue est difficile, plus qu'ailleurs, parce que les personnels des services publics et des entreprises ont affaire à une population qui cumule de trop nombreux handicaps, d'ordre économique, linguistique, social et familial. C'est également en banlieue, plus qu'ailleurs, que la population a un besoin vital des services publics et des administrations parce qu'ils sont parfois leur seule ressource et bien souvent leur unique interlocuteur. Dans certains endroits, les aides sociales, régulières ou exceptionnelles, sont même l'unique source de revenu existante. Une simple difficulté ou un retard dans les règlements à la Poste, à la Caisse d'Allocations Familiales ou au Centre d'Action Sociale peut être à l'origine d'un drame et déclencher l'agressivité.

Auprès d'individus fragilisés par la vie, qui se voient en situation d'échec et sont identifiés et perçus comme tels, le moindre malentendu est susceptible de dégénérer en violence verbale ou physique. Il suffit d'un regard perçu comme hostile ou malveillant, d'un mot mal compris, d'une mesure appliquée avec une rigueur jugée discriminatoire, pour faire naître l'agressivité portée par un état de fatigue récurrent et du ressentiment. Une attente jugée trop longue, une feuille manquante, un manquement à une règle placent l'individu – surtout s'il maîtrise mal la langue ou est analphabète – dans une situation douloureuse d'impuissance ou de suspicion face au « mur » de l'administration, de ses règles jugées malignes, de ses méandres potentiellement perçus comme méprisants, pervers et xénophobes.

À l'inverse, les fonctionnaires ou agents sont épuisés par les demandes incessantes, les plaintes et les insatisfactions.

Peut-être suffirait-il d'un peu d'empathie et d'écoute ainsi que de quelques notions de communication élémentaires, pour décrisper les tensions et rendre plus vivables les situations. Mais l'exaspération et la souffrance atteignent un tel niveau chez chacun des protagonistes, que parfois plus personne n'a envie de faire un pas vers l'autre. Or, la route qui mène à l'antipathie et au mépris réciproque est souvent plus courte et plus aisée que celle qui mène à la coopération. Si l'on n'y prend garde, habitants et personnels des services publics – ces deux mondes obligés de se côtoyer – pourraient devenir ennemis. Chacun est en mesure d'exercer une forme de violence propre : les habitants peuvent devenir agressifs et les services publics ne pas rendre le service attendu.

À la décharge de ces derniers, il faut rappeler les différentes agressions intervenues contre des chauffeurs de bus ou des contrôleurs, des enseignants ou des postiers. Les remarques, les insultes ou les crachats, prêts à fuser, témoignent d'un climat tendu et à tendance paranoïaque, où chacun est persuadé que l'autre lui veut du mal et s'enferme dans la victimisation ou répond par l'agressivité. D'où les propos parfois très durs que les habitants tiennent sur les services pourtant censés les aider. Et, à l'inverse, le regard méprisant que les fonctionnaires ou agents portent sur une population qu'ils sont censés servir en toute justice et égalité. Ajoutons que la tendance récente, à l'intérieur des services publics ou des administrations, à adopter une logique « tournée vers le client », logique tout droit issue du marketing pratiqué dans les entreprises, peut avoir un effet pervers. La notion de « client », au sens où l'entend l'entreprise sur son marché, est totalement inadaptée à certains publics présents sur les quartiers ou dans les cités.

La spirale qui fait se répondre incivilités et préjugés réciproques ne présente pas toujours le caractère dramatique que certains faits divers montés en épingle peuvent laisser imaginer. Mais il est certain que les rapports sont souvent tendus et qu'il faudrait rapidement arrêter cette escalade et rompre l'enchaînement qui enferme les agents et les habitants.

Il semble que nos services publics ne soient plus adaptés à une société qui a changé. Certains d'entre eux – notamment ceux situés dans les quartiers ou les cités – ont connu un débordement du social. Ces institutions ont eu à faire face à de graves problèmes sociaux et de pauvreté. Or, leurs principes les poussent à pratiquer l'intégration, c'est-à-dire à mettre en œuvre un traitement global et équivalent pour tous. Manifestement cela n'est pas possible, car, dans les quartiers, les services publics deviennent des services sociaux et doivent plutôt pratiquer l'insertion, en traitant de façon particulière et adaptée une population démunie.

Même si individuellement certains agents arrivent à maintenir le contact avec une population qui n'est pas hostile en bloc, même s'il existe des facteurs qui n'ont pas peur des attroupements de jeunes, des enseignants dévoués et imaginatifs qui encouragent leurs élèves, des îlotiers qui savent créer un lien tout en imposant le respect, des assistantes sociales qui obtiennent gain de cause pour des familles sans tomber dans l'assistanat, il est déraisonnable et dangereux de penser que l'équilibre d'une partie de la société peut reposer uniquement sur quelques bonnes volontés.

Or, la plupart des projets ou initiatives – notamment les aides ou actions officieuses – dans les quartiers, s'appuient sur des individus pourvus de qualités humaines et relationnelles exceptionnelles. Mais les bonnes volontés s'épuisent ou partent, et à leur départ correspond bien souvent la fin de l'initiative ou de l'action qui n'ont pas été traduites dans les postures ou comportements professionnels de l'institution.

La société ne se gère pas sur des exceptions mais sur le comportement moyen du plus grand nombre. Et si celui-ci tend à se dégrader, c'est que les agents ne sont pas adaptés à la nouvelle donne sociale. Il y a nécessité, même urgence, à casser le clivage entre deux mondes qui s'entretiennent chacun dans un discours négatif et entrent parfois dans la spirale de la violence pour ne pas avoir à traiter le conflit.

Tous les métiers en prise directe avec ce type de public requièrent des compétences nouvelles. Les agents des services publics et des administrations, de façon générale tous les employés des entreprises présentes sur les quartiers, ont besoin d'être formés à une prise en compte des difficultés et des handicaps de la population, mais aussi de sa richesse. Chacun a besoin de savoir gérer le conflit ou le désamorcer pour entrer un tant soi peu dans le monde de l'autre.

Ces agents ont également besoin d'un plus grand et véritable soutien de la part de leurs hiérarchies et organisations qui, d'un côté, louent les prouesses réalisées par leurs « équipes de terrain » mais de l'autre, par les logiques managériales et institutionnelles existantes, les empêchent parfois de travailler et reconnaissent insuffisamment leur expérience et leurs compétences.

« L'islamisme est en train de gangrener les banlieues. »

On peut supposer que certains, intégrés par l'immigration, mais aujourd'hui confrontés, et surtout leurs enfants, au chômage et à la xénophobie, cherchent, par les pratiques musulmanes, à réintégrer un monde protecteur.

Dominique Schnapper, *La France de l'intégration*

La redécouverte de l'Islam par les jeunes musulmans de la seconde génération doit-elle être source d'espoir ou d'inquiétude ? S'agit-il d'un pas vers la pacification des banlieues ou une perspective de scission plus grande encore au sein de la population ?

Lorsque des populations majoritairement de religion musulmane sont arrivées, dans les années cinquante et soixante, dans une France en voie de laïcisation avancée, la pratique de cette religion très prégnante, inscrite dans le quotidien, la culture et les traditions, n'a toutefois pas semblé incompatible avec une société française clamant haut et fort sa tolérance. La dite religion s'est pratiquée avec une relative discrétion, le plus souvent au sein des foyers, dans la sphère privée et sans prosélytisme apparent. C'est ce que d'aucuns ont appelé l'« Islam tranquille », observé chez la majorité des musulmans de France qui entretiennent avec leur religion un rapport similaire à celui que leurs contemporains entretiennent avec la religion catholique. Les institutions françaises ont encouragé cette pratique discrète en mettant à la disposition des associations religieuses des locaux leur permettant d'exercer leurs activités et enseignements. De même, la demande de mosquées, qui a pu faire et fait encore si peur à certains, est souvent moins l'effet d'une ferveur religieuse que le désir ou la nécessité de créer des lieux de rencontre et d'entraide, éventuellement d'enseignement.

La religion s'est transmise à la génération suivante au même titre que d'autres traditions familiales ou culturelles. Et souvent, particulièrement dans les cas d'intégration réussie ou d'élévation sociale, elle a perdu de son importance auprès de cette nouvelle génération. Les pratiques se sont affaiblies et l'Islam a perdu de son pouvoir de censure, de coercition ou de contrainte. Il a en cela suivi la même évolution que les autres religions pratiquées sur le territoire français. À titre d'exemple, le catholicisme traditionnel pratiquant a bien peu résisté à l'exode rural et aux changements de vie induits par le modernisme.

Mais les populations musulmanes « intégrées », dont la pratique religieuse a perduré sans verser dans des ferveurs extrémistes ou du prosélytisme, ont eu tendance à quitter les quartiers et les cités. Sont restées les familles les plus démunies ou connaissant un plus grand nombre de difficultés, et leurs enfants, les « Beurs », immigrés d'origine maghrébine de la seconde génération. Ces derniers, qui ont grandi pendant la crise, se sont souvent retrouvés en échec scolaire et victimes de discriminations. Certains de ces jeunes ont parfaitement intégré le message qu'ils étaient « inutiles au monde » et ont repris à leur compte le slogan nihiliste *« no future »*. En réponse à cela, une alternative a pu apparaître : la délinquance ou la religion, parfois les deux en même temps.

Parallèlement, les mouvements islamistes, conscients de l'opportunité de ce mal-être, tentent d'accrocher les jeunes des quartiers, non sans succès. Certains jeunes se remettent en effet à pratiquer le Ramadan qui parfois avait été abandonné par leurs parents et suivent les préceptes du Coran avec un zèle inattendu. Dans ce cas, la pratique religieuse est un refuge moral et une protection. Les jeunes y trouvent une compensation à leurs échecs répétés et au sentiment de honte qui en découle. Par leur pratique ils peuvent aussi retrouver certains repères, une identité, la chaleur d'un groupe ou d'un clan et peut-être même donner un sens à leur vie. On ne peut aussi totalement exclure que certains découvrent par-là la foi.

Ce « renouveau de l'Islam », comme le nomment ou le dénoncent certains, ne laisse pas indifférent et éveille ou attise des craintes. En témoignent les incidents liés au « foulard islamique ». Ce foulard, symbole ô combien ambigu, a été pour les uns l'emblème d'une résistance à l'intégration et d'un pacte renoué avec la tradition et la religion, pour les autres celui d'une soumission féminine abjecte et d'un défi porté à la laïcité de l'enseignement. L'affaire du foulard, en 1989, a été le point de départ d'un débat sur la pratique de la religion musulmane comme obstacle à l'intégration. Certains pensent en effet que les émigrés musulmans, du Maghreb ou de l'Afrique Noire, s'intégreraient moins facilement que d'autres courants migratoires plus anciens – les Polonais, les Italiens, les Espagnols ou les Portugais – à cause de leurs traditions ou pratiques religieuses difficilement conciliables avec les valeurs de laïcité, de liberté ou d'égalité et contraires à certains droits de l'homme. Pour d'autres, cette position n'est pas tenable et de nombreux contre-exemples montrent la compatibilité entre la pratique de l'Islam et l'intégration dans la société française.

Pour ces raisons – et ces débats parfois très vifs et aux enjeux symboliques lourds – on ne peut totalement exclure qu'en « redécouvrant l'Islam », certains jeunes prennent plaisir à transgresser des valeurs républicaines et des principes fondamentaux sur lesquels s'est construite la société française. Par-là, ils se marginalisent davantage et font peur aux « Français » pour l'occasion requalifiés de « Gaulois ».

Cette réponse apportée à une jeunesse en déshérence est parfois acceptée ou tolérée par des municipalités qui ferment les yeux. Comme elles n'arrivent pas à agir efficacement face aux incivilités et aux problèmes de drogue ou de violence, elles délèguent à la religion la capacité de calmer le jeu et de permettre à la paix sociale de se réinstaller. Il n'est pas rare aujourd'hui de voir des élus – mais tout aussi bien des acteurs de la vie locale ou des professionnels travaillant sur le quartier – opter pour des interventions ponctuelles ou régulières d'imams ou de responsables religieux susceptibles d'apaiser les tensions.

L'Islam n'est pas fatalement intolérant et ses pratiquants ne sont pas tous des intégristes, loin de là. Dans ce cas il se peut que les interventions des responsables religieux soient un facteur de stabilité et de paix. Les dérives extrémistes ne doivent pas engendrer le rejet systématique d'une religion qui, comme d'autres, peut donner un sens à la vie de jeunes désemparés.

Mais il faut être vigilant car nul ne peut dire aujourd'hui quelle sera l'évolution de ces pratiques religieuses retrouvées ou de cet engouement pour l'Islam. Il peut avoir des effets positifs mais peut aussi laisser la porte ouverte à des glissements et des débordements incontrôlables. Comme pour d'autres phénomènes de la vie des quartiers ou des cités, il faut prendre garde à ne pas nier le phénomène, ni à le surestimer. Il faut scrupuleusement l'observer et l'étudier en utilisant diverses sources d'information.

Une dérive intégriste est toujours à redouter dans une société en perte de sens, particulièrement dans les endroits où vivent des populations fragilisées. Entre une laïcisation associée à une société consumériste qui ne jure que par l'accumulation et la jouissance de biens matériels et un Islam dur et conquérant qui cadre mal avec les valeurs de tolérance de la République française, les jeunes trouveront-ils le juste compromis ? Nul ne le sait encore aujourd'hui. L'environnement social aura une part de responsabilité dans le choix qui sera fait.

« Le racisme est très présent en banlieue. »

Le raciste est celui qui perd son statut,
ou sa position sociale, ou craint de les perdre,
ou veut se protéger des risques de la chute.
Il est plus ou moins rejeté en dehors du monde
du travail s'il appartient au monde industriel.
Ou bien il habite dans les banlieues dégradées
de la France et a le sentiment de déchoir en
partageant les conditions d'existence des immigrés.

Michel Wieviorka, *Le Racisme, une introduction*

Image traditionnelle : des rapports haineux entre des vieux blancs partisans de l'autodéfense et protégeant leur voiture à coups de fusil et des jeunes, Beurs ou Blacks, malins, tchatcheurs, rappeurs. Cette image est véhiculée dans les séries policières, à la télévision ou au cinéma. Quelques faits divers l'ont alimentée. Elle est devenue un cliché.

Les occasions de conflit ne manquent pas entre une population vieillissante et aspirant avant tout au calme, à la tranquillité et à la sécurité, et une jeunesse remuante, bouillonnante de vie, facilement insolente ou agressive, qui a un trop-plein d'énergie à dépenser et peu d'occasions constructives (et silencieuses !) de le faire. Or, il se trouve que pour des raisons d'histoire et de démographie, la population vieillissante est plutôt française de souche et la jeunesse plutôt d'origine immigrée. Le conflit prendrait alors des accents xénophobes et les cités seraient pleines de « Blancs racistes » emmurés dans leur intolérance et potentiellement dangereux.

Comme on a mis du temps à reconnaître que l'insécurité dans certains quartiers n'était pas toujours un fantasme, il en a également fallu pour s'apercevoir que le « racisme » de certains habitants ne relevait pas toujours d'une évidence simpliste qu'il suffisait de constater pour mieux la dénoncer. Cette accusation est aussi sclérosante et stigmatisante que l'accusation de violence ou de délinquance pour des jeunes issus de l'immigration. Dans la mesure où l'on a fait l'effort de relativiser cette violence ou – c'est un peu la même chose – de comprendre comment certains jeunes pouvaient effectivement devenir violents, il restait à entreprendre la démarche symétrique. À savoir relativiser le racisme qui sévit dans les quartiers ou – c'est aussi sensiblement la même chose – comprendre à quelles conditions certains habitants peuvent devenir racistes.

Les habitants perçus comme racistes – et qui parfois se déclarent tels – ont un problème d'identité ; où l'on voit que ce problème n'est pas réservé aux jeunes issus de l'immigration. Pour la plupart de milieu populaire, une grande partie de leurs projets était tendue vers l'amélioration de leurs conditions de vie, garante d'un mieux-être économique et social et d'une entrée dans la société. Or, pour des raisons que nous avons déjà examinées, leur désir ascensionnel a été bloqué. Ce sont notamment eux qui n'ont pas pu quitter les quartiers lors du départ des premiers habitants, en grande majorité des Français, qui ont accédé à la propriété. Empêchés d'évoluer comme ils le souhaitaient, ils ont non seulement eu le sentiment d'être « assignés à résidence » – pour reprendre la formule consacrée – mais aussi assignés à un mode de vie qu'ils n'ont pas choisi.

Par ailleurs, ils ont été les témoins de changements dans leur environnement. L'environnement matériel bien sûr – notamment l'évolution du quartier qui dans la plupart des cas s'est dégradé – mais aussi une évolution sur le plan des valeurs. Ils ont eu le sentiment que les règles du jeu qu'ils essayaient de respecter, d'une part étaient de moins en moins bénéfiques ou payantes pour eux, d'autre part étaient de plus en plus minoritaires, en tout cas dans leur environnement proche. Par exemple, ce sont des gens pour qui le travail a toujours eu une grande importance, car travailler – mais de façon plus générale garder son travail, faire l'effort d'en retrouver si on le perd, etc. – est le vecteur d'une bonne tenue sociale. D'où leur hantise du chômage et leur malaise ou leur mépris à l'égard d'une certaine catégorie de chômeurs qui, contrairement à eux, ne se battent plus, baissent les bras et deviennent des oisifs ou des « assistés ». Ils sont aussi fortement perturbés par l'idée qu'on peut aujourd'hui gagner de l'argent autrement qu'en travaillant et sembler en être à peu près satisfait. Ainsi des habitants qui s'identifient comme des « perdants » sur le plan matériel et social, se perçoivent aussi comme tels sur le plan des valeurs et de la morale.

Ce qui leur fait peur, les perturbe – et peut les rendre racistes – c'est le fait que certains, dans leur environnement proche, ne vivent pas « normalement ». Il peut certes y avoir dans ce jugement une grande intolérance à l'égard d'autres modes ou styles de vie. Mais il s'y mêle deux autres éléments insuffisamment pris en compte.

Le premier est que dans certaines cités ou quartiers des banlieues populaires, la vie sociale ordinaire ne fonctionne plus ou mal. La liste des manquements à ce que tout le monde appellerait une « vie normale » est longue : l'uniformité du cadre de vie, le bruit, le manque de propreté, les dégradations, les incivilités, l'agressivité, le malaise et le mal-être ambiant, la violence, les insultes, les bagarres, etc. Dans ces endroits les exigences minimales de sécurité, d'ordre, de confiance et de respect ne sont pas remplies.

Et – second élément – lorsque certains habitants en appellent au rétablissement de l'autorité, ils ne songent pas à un quadrillage policier ou une gestion sécuritaire du quartier. Ils aspirent plus simplement au rétablissement des pratiques codifiées et ritualisées qui garantissent le bon fonctionnement du vivre ensemble. Lorsqu'on sait que ces règles sont le résultat d'un long processus – à savoir le processus de la civilisation – ne plus les voir appliquées est pour eux le signe d'une intolérable régression.

La xénophobie de certains habitants des quartiers naît de l'accumulation de confrontations désagréables et déstabilisantes avec des comportements ou des attitudes vécus comme blessants et dont les auteurs sont d'origine étrangère. Elle entre plutôt dans la logique de la réplique ou de la réponse – exactement comme la violence de certains jeunes peut être considérée comme une réponse à la violence qui leur est faite. Identifier l'autre comme un « étranger » est une façon de répondre à la peur que la vie de certains peut occasionner quand sa propre vie ne paraît plus aussi assurée.

C'est une attitude épidermique, réactive et très souvent ciblée – on supporte et on se sent davantage proche des vieux immigrés que des jeunes Beurs, ou de ceux qui travaillent plutôt que ceux qui sont au chômage, etc. Jusqu'à un certain point, ces attitudes ou jugements peuvent disparaître.

Mais il arrive aussi qu'ils se renforcent et perdurent, alors le « racisme » n'est plus une réaction mais un mode de perception, une grille de lecture et un critère de jugement. Dans ce cas, la différence nationale ou culturelle joue comme un alibi. La peur, le mépris ou l'hostilité vont emprunter les figures, les mots et les images du racisme traditionnel. C'est assez rapide et plutôt efficace, particulièrement dans le cas des populations maghrébines où la différence de religion, la colonisation et la guerre (pour l'Algérie) pèsent de tout leur poids. Le recours au discours raciste permet de donner du sens à son mal-être. Il est une des voies possibles par lesquelles on rend l'autre responsable de sa propre insuffisance.

Le racisme est une voie possible, parfois empruntée. Mais elle n'est pas la plus importante et la plus largement partagée dans les quartiers. L'incompréhension, le mépris, la haine ou la violence ont de multiples autres façons de s'installer.

« Les problèmes de la banlieue sont à l'origine de la montée du Front National. »

Le terrain des inquiétudes urbaines a été le réceptacle
idéal du discours sécuritaire et xénophobe du FN.
Dans une société où le chômage, la petite délinquance
et le choc des cultures est une réalité,
la dénonciation lepèniste a fait florès.

Pascal Perrineau, *Le Symptôme Le Pen*, 1997

Les associations Front National et Immigration puis Front National et Insécurité ont longtemps semblé si étroites qu'on a pu se demander si la croissance de l'un n'était pas intimement liée à la progression des autres. Il est bon de rappeler que l'extrême droite a existé et connu des périodes fastes bien avant les problèmes de banlieue et la naissance des quartiers. On connaît les chevaux de bataille tour à tour enfourchés par les courants d'extrême droite au cours du siècle, en fonction de l'actualité du moment. Après l'affaire Dreyfus, il y a eu la seconde guerre mondiale, la politique nazie et l'épisode de Vichy, puis le poujadisme, puis les mouvements sporadiques de la guerre d'Algérie avec l'OAS. Après quoi les mouvements d'extrême droite français ont entamé une traversée du désert qui a accompagné les « Trente glorieuses » jusqu'au début des années quatre-vingt.

Créé en octobre 1972, le Front National va immédiatement s'emparer du thème de l'immigration, au moment où la société française entre dans ce que l'on considère d'abord comme une crise économique et sociale, qui apparaîtra au fur et à mesure comme une véritable mutation. Tenir les immigrés pour responsables du chômage, mais aussi de la délinquance et de l'insécurité dont on commence à parler à propos des banlieues et qui devient la première préoccupation des Français, est propice à susciter ou réactiver une inquiétude, endormie par la croissance et les plaisirs de la consommation.

Comme l'a plus tard dévoilé son chargé de communication, Lorrain de Saint-Affrique, Jean-Marie Le Pen aurait délibérément choisi, par souci stratégique, d'orienter ses campagnes sur les dangers de l'immigration en criant haro sur le Maghrébin et l'Africain. Cette stratégie s'est révélée payante puisque grâce à ce programme, le Front National s'est octroyé une nouvelle jeunesse. Au soir des élections européennes de juin 1984, la liste conduite par Jean-Marie Le Pen emporte 11 % des suffrages, soit plus de 2 millions d'électeurs, victoire que personne n'avait anticipée et qu'aucun mouvement d'extrême droite n'avait connu depuis 1956.

Mais le Front National a surtout acquis un nouvel électorat, car le vote FN de 1984 s'est largement émancipé de la structure du vote poujadiste ou du vote « Algérie française ». Comme l'explique Pascal Perrineau, il ne traduit plus « la plainte d'une France du passé » mais celle d'une France urbaine et moderne, notamment des grandes conurbations marquées par l'affaiblissement d'un lien social et des territoires les plus proches des quartiers défavorisés.

Le succès fulgurant du parti de Jean-Marie Le Pen s'explique certes par ses thèmes de campagne. L'image de l'immigré fauteur de trouble, responsable à la fois de la montée du chômage – puisqu'il prend le travail des Français – et de la montée de l'insécurité – puisque ses enfants mal élevés commettent des actes incivils ou délictueux – a pris comme une traînée de poudre. Mais il tient aussi à la crise qu'ont connue les grandes organisations sociales et politiques dans les années quatre-vingt. Une crise des militants et des adhésions qui s'est traduite par une baisse drastique des effectifs. Une crise des organisations et des appareils, structures formelles et centralisées, mais aussi réseaux ou mouvances situés à la périphérie des partis, qui ont longtemps fourni un cadre d'intégration efficace – comme en témoignent le parti communiste et toute l'époque de la banlieue rouge. Une crise des valeurs et des repères politiques jusqu'à présent structurés autour d'un pôle gauche-droite, appuyé sur un enracinement géographique et social constant depuis plusieurs décennies. Une crise de la représentation accentuée par la succession des « affaires » et les manifestations, hasardeuses ou volontaires, de démocratie spontanée ou participative laissant place à la « parole des gens ».

Cette crise a laissé un espace vacant dans lequel l'extrême droite s'est engouffrée, en se dotant d'une solide organisation qui lui a permis de toucher différents types de population (les jeunes, les femmes, les paysans, les anciens combattants…), différents secteurs professionnels (la banque, la culture, la santé, l'éducation nationale…) et, peu ou prou, grâce à divers relais (presse, organisations alliées, tribunes, etc.), l'ensemble de la société française ainsi que ses représentants.

On doit aussi noter l'effet de l'incompréhension mutuelle et du divorce croissant entre les couches populaires et les partis de gauche censés les représenter. Ceux-ci ont longtemps minimisé les besoins ou les exigences d'une partie de leur électorat – notamment de cette partie qui sera touchée de plein fouet par la crise sociale et économique et que l'on appellera bientôt les « perdants de la modernisation ». Leur demande de sécurité ou de rétablissement de l'autorité n'a pas été entendue par leurs représentants historiques, plus à l'aise avec les valeurs de liberté et de solidarité. Une certaine gauche bien-pensante a davantage eu tendance à victimiser les jeunes délinquants ou les jeunes violents et a nié la souffrance ressentie par ceux qui subissaient les effets de cette violence ou des incivilités.

C'est pourquoi, dans le tournant des années quatre-vingt-dix, l'électorat du Front National va se prolétariser. C'est ce que les politologues appelleront le « gaucho-lepénisme » ou l'« ouvriéro-lepénisme » : 18 % des ouvriers votent FN en 1993, ils seront 21 % en 1994 et 30 % en 1995. Le Front National devient le premier parti en milieu ouvrier et chez les chômeurs. « Jamais, et c'est une grande nouveauté dans l'histoire électorale française, les milieux populaires n'avaient été à ce point séduits par l'extrême droite », conclut Pascal Perrineau.

Outre ce qu'ils pensent être des réponses à leurs exigences quotidiennes – plus d'emploi, plus de sécurité, plus d'autorité, etc. – ces électeurs frontistes trouvent dans le Front National la promesse d'un lendemain qui chante. Ce crédit, ou cette croyance, garantira le succès électoral et idéologique du Front National jusqu'à la scission du parti en décembre 1998.

Le FN a fini par imploser de l'intérieur et non du fait des événements extérieurs ou de leur prise en charge par les gouvernements successifs. Aussi si la dégradation de la vie dans les quartiers et les violences urbaines ont grandement contribué à l'explosion et la progression des votes Front National, ce n'était pas la seule raison. Depuis décembre 1998, les problèmes de banlieue sont toujours aussi flagrants et la violence urbaine à l'ordre du jour. Le vote Front National était basé sur un faisceau de motivations et de préoccupations et sur l'illusion que ses dirigeants devaient être « mieux que les autres ». La scission, ainsi que son cortège de mesquineries et de coups bas, a gravement sapé la confiance de ses électeurs et sympathisants.

Si la nouvelle de l'implosion du FN a été saluée comme une victoire des valeurs républicaines retrouvées, par la quasi-unanimité des leaders politiques et d'opinion, rien n'est pourtant gagné. Les dernières élections cantonales et municipales montrent que le camp national-populiste, plus largement l'extrême droite, n'a pas disparu du paysage politique français. Par ailleurs, de nombreux sondages, études ou observations, indiquent qu'une part non négligeable de la population continue à partager les valeurs du parti déchu.

QUEL ESPOIR
POUR LES BANLIEUES ?

« Il faut restaurer l'autorité des parents. »

Lorsque les pères s'habituent à laisser faire les enfants, lorsque les fils ne tiennent plus compte de leurs paroles, lorsque les maîtres tremblent devant leurs élèves et préfèrent les flatter, lorsque finalement les jeunes méprisent les lois parce qu'ils ne reconnaissent plus au-dessus d'eux l'autorité de rien et de personne, alors c'est là en toute beauté et en toute jeunesse le début de la tyrannie.

Platon, *La République*

Le discours sur la « démission des parents » dans les quartiers populaires est un grand classique. Travailleurs sociaux, enseignants, policiers et habitants eux-mêmes le répètent à l'envi pour expliquer les difficultés vécues par les enfants et les adolescents, ainsi que les violences ou incivilités dont ils sont les auteurs. Peut-on réellement parler de démission des parents ? Comment mesurer la part de responsabilité des adultes, eux-mêmes victimes d'exclusion sociale ? Qu'en est-il de l'autorité, parentale ou autre, dont on estime qu'il faudrait la retrouver ou qu'il suffirait de la restaurer – mais laquelle et sous quelle forme ? – pour améliorer la situation des banlieues ?

Dans beaucoup de quartiers, la démission ou la défaillance des parents se manifesterait d'abord par des comportements ou des pratiques pas très éloignés d'une forme d'abandon des enfants. Il court de nombreuses histoires sur des petits enfants livrés à eux-mêmes, traînant dans les halls d'escalier, les rues ou les parkings des grands ensembles jusqu'à des heures très tardives. Par ailleurs, nombreux sont les travailleurs sociaux ou les professionnels intervenant sur les quartiers à évoquer des cas d'enfants qui ne déjeunent que d'un morceau de pain à l'heure où d'autres sont à la cantine et sont les seuls membres de leur famille à se lever le matin, pour partir à l'école.

L'autorité parentale a en effet subi des dommages irréversibles dans de nombreuses familles. La décomposition familiale est une conséquence de la mutation des pratiques, des valeurs et des modes de vie, qui a affecté les anciennes communautés rurales ou ouvrières des quartiers de banlieue. À quoi il faut ajouter les difficultés socio-économiques, le chômage, l'exclusion, ainsi que le mal-être et l'impuissance qu'ils ont générés. La cellule familiale s'est trouvée réduite à sa plus simple expression en perdant l'appui du groupe qui, dans la communauté ou le pays d'origine, participait au contrôle et à la cohésion des membres des familles, particulièrement des enfants auxquels étaient transmis les codes et les valeurs de la communauté.

Ces communautés de familles ont existé dans les quartiers de banlieue. Par les normes qu'elles appliquaient, imposaient et transmettaient, un contrôle et une régulation sociale s'exerçaient de façon implicite et garantissaient le « vivre-ensemble » des habitants. Tout écart à l'égard de ces normes ou de ces codes était généralement sévèrement réprouvé et les récalcitrants finissaient peu ou prou par rentrer dans le rang.

Aujourd'hui encore, de telles régulations s'exercent dans les quartiers, mais à des micro-échelles qu'il n'est pas toujours aisé de distinguer : un ensemble de rues, un immeuble, une cage d'escalier, parfois un palier. On croit retrouver là les vestiges d'anciennes communautés, évoquées avec nostalgie, parfois de façon très enjolivée, par les « anciens » du quartier.

La décomposition des structures familiales et des relations entre les membres de mêmes familles affecte tout autant les familles de souche française que celles d'origine ou de culture étrangère. Les pères et les mères maghrébins ou africains n'ont pas le monopole de la « démission parentale ». On voit les effets dramatiques de familles abîmées dans des cités ou des quartiers restés à l'écart des courants migratoires et qui ne comptent dans leur population aucune famille issue de l'immigration.

La fragilisation des liens familiaux et la défaillance éducative font leur lit là où s'épand – ou se cache – la misère et la honte qui bien souvent les accompagnent. Cette misère n'est pas seulement – parfois même elle n'est pas du tout – d'ordre économique ou financier. Elle est sociale et culturelle, mais surtout, aujourd'hui, affective et mentale. Quelles que soient les formes par lesquelles la démission parentale s'exprime – qui, pour faire vite, vont du laisser-aller et de l'indifférence par rapport aux enfants, jusqu'à des formes avérées de brutalité et de violence – elle s'illustre toujours par le silence porté sur les origines et la filiation et le blocage de la transmission. La première défaillance parentale est dans l'occultation de l'histoire familiale et dans l'incapacité de transmettre à ses enfants les valeurs, les codes ou les normes du groupe dont il est issu.

Les communautés d'immigration n'ont pas toutes réagi de façon similaire face aux bouleversements qui ont affecté leurs pratiques et leurs modes de vie. Certaines ont été totalement épargnées par ce phénomène de déliquescence familiale. Ce sont soit celles qui se sont protégées en maintenant, à l'intérieur de la sphère privée, des rites et des pratiques issues de leur culture d'origine et a priori pas ou peu influencés par ceux de la culture française. Ou bien ce sont des familles qui se sont adaptées aux pratiques et mœurs françaises, notamment aux nouvelles relations et compositions intra-familiales qui se fabriquent aujourd'hui.

En revanche, la crise a touché des familles issues d'une société patriarcale, mises en instabilité par l'évolution économique, technologique et sociale. Des pères excédés ou simplement fatigués ont lâché prise et se sont extrait des préoccupations familiales. Par ailleurs, ils ont été déstabilisés par l'apparition de nouvelles régulations intra-familales. Ainsi, dans une société rurale traditionnelle, le dialogue entre les membres de la famille n'est pas indispensable à une vie quotidienne réglée depuis toujours par le rythme de la nature, des rituels éprouvés et l'obéissance aux anciens. Mais il l'est dans une société aux repères flous et aux codes changeants et complexes, telle que la nôtre l'est aujourd'hui. À quoi il faut ajouter des formes nouvelles d'ingérence éducative de la part d'acteurs ou d'institutions qui ont un droit de regard et d'intervention, sur des pratiques autrefois exclusivement réservées aux parents et aux familles.

Certains parents se sont alors résignés et effacés face à des enfants dont la personnalité s'est structurée en milieu français, intégrant des valeurs de permissivité qu'ils désapprouvent mais ne parviennent pas à contrer. Ils éprouvent avec tristesse et regret le fait que leurs enfants se sont définitivement éloignés de leurs valeurs ou bien ils assistent, impuissants, à leur mal-être et leur malaise et finissent, comme beaucoup d'adultes, à avoir peur de leurs propres enfants.

Les mères – quelle que soit leur origine – tombent

parfois dans la fatalité et déclarent forfait, désespérées de devoir affronter seules des problèmes dont elles ne trouvent pas la solution. Seules, soit parce qu'elles sont chefs de familles monoparentales, soit parce que les pères se sont retirés dans le silence. Elles ne savent plus faire face aux difficultés croissantes et renoncent à exercer une quelconque autorité. Symétriquement, les enfants ou les adolescents – plus malins et surtout mieux informés que leurs parents – ont appris à esquiver ou contrer des tentatives d'autorité qui leur semblent de plus en plus illégitimes.

Parfois, il arrive aux mères de se rendre complices de la délinquance ou de la violence de leurs enfants, en fermant les yeux sur certains faits ou pratiques – par exemple sur des biens de provenance douteuse qui échouent sous leur toit, en s'aveuglant sur la souffrance ou les dangers encourus par leur progéniture dont elles font des victimes, des héros ou des martyrs. Ce faisant, elles renoncent à exercer toute forme d'autorité. Si l'on admet que le rapport à l'autorité parentale prépare et structure les rapports ultérieurs à d'autres formes d'autorité, on peut alors mesurer en quoi la défaillance de la première peut rendre problématiques et fragiles les secondes.

De toute façon, les enfants passent de moins en moins de temps sous le toit des parents. Certains sont plus souvent dans la rue qu'à la maison, ce sont alors les plus grands ou les aînés qui ont une influence sur le comportement des cadets.

Alors, démission ou dépression des parents ? Laisser-aller ou impuissance ? La réponse est sans doute à mi-chemin, mais la responsabilité en incombe à tous les acteurs de la société. Car en fait ce sont les adultes en général qui démissionnent et pas seulement les parents. Bon nombre de travailleurs sociaux, d'enseignants ou de policiers sont totalement découragés devant l'ampleur de la tâche et ne cherchent plus à faire correctement leur métier.

Quant à restaurer l'autorité, il ne faut pas s'illusionner. L'ère de la société patriarcale est révolue et il est nécessaire d'en faire le deuil. Il est donc nécessaire de mettre en place de nouvelles règles du jeu social, tant dans les institutions que dans les familles, davantage fondées sur la coopération et le dialogue.

« Les filles s'en sortent mieux que les garçons. »

Plus instruites et plus diplômées, plus mordantes et plus tenaces que les garçons, les jeunes filles d'origine maghrébine s'imposent au sein des rapports sociaux et politiques de la société française, avec d'autant plus de facilité qu'elles ont la contestation moins bruyante et moins agressive que les garçons.

Adil Jazouli

Depuis plusieurs années, on affirme que le sort des quartiers pourra être amélioré grâce au rôle positif joué par les femmes et les filles. L'idée que les jeunes filles d'origine maghrébine s'intègrent mieux que les garçons et qu'elles représentent un rempart contre certaines pratiques archaïques et la violence a été, un temps, reprise par la majorité des professionnels qui travaillent dans les quartiers et par la classe politique.

Certes, d'ataviques formes de soumission rendent a priori les filles moins rebelles que les garçons. Éloignées de la rue par la structure et les contraintes familiales, plus surveillées et limitées dans leurs mouvements, davantage élevées dans le respect de l'autorité et objets privilégiés de la transmission des normes et des valeurs de la famille ou du groupe culturel, les filles, beaucoup plus encadrées, sont moins livrées à elles-mêmes et, partant, a priori moins dangereuses que les garçons.

Par ailleurs et symétriquement, elles auraient davantage intérêt à s'adapter à la société et la culture françaises, qui leur donnent la possibilité de conquérir une (relative) autonomie, via l'école et l'insertion professionnelle. Un grand nombre de jeunes filles issues de l'immigration ont en effet longtemps misé sur leurs succès scolaires et leur indépendance, promise ou acquise, par leur entrée dans le monde du travail.

Il est vrai que leur accès au monde du travail – fut-ce par le bas de l'échelle – est plus facile pour elles que pour les garçons. D'abord parce que la société française les a moins stigmatisées. Pour une fois les préjugés ont plutôt joué en leur faveur et l'on a eu tendance à éprouver de la sympathie et même de la compassion pour ces jeunes filles présumées plus méritantes en raison des obstacles qu'elles avaient à franchir, en tant que femmes, Maghrébines et habitantes des quartiers difficiles. Par ailleurs, elles ont moins de prévention et de répugnance à l'égard d'emplois faiblement qualifiés et réputés peu gratifiants, comme les garçons peuvent en avoir en référence au schéma honni des pères méprisés, attelés à des tâches serviles. Pour les filles, un emploi, même peu valorisant, est déjà une forme d'ascension sociale, notamment par rapport à leurs mères qui pour la plupart n'ont pas travaillé. Voulant faire leurs preuves et assumant leur désir d'ascension sociale, les jeunes filles issues de l'immigration trouvent plus facilement du travail.

Autre critère d'intégration, on doit également noter le nombre important et grandissant de relations ou d'unions entre jeunes filles d'origine maghrébine et Français de souche, dont une part non négligeable s'inscrit dans la durée et aboutit à des mariages ou des naissances d'enfants. Il est vrai enfin, signe de leur volonté d'affirmation et d'intégration, que les jeunes filles sont très présentes dans les mouvements associatifs, partisans ou non, qui existent dans les quartiers. On l'a particulièrement vu dans les années quatre-vingt, où ont fleuri nombre de revendications des habitants des quartiers difficiles ainsi que des jeunes issus de l'immigration. Un grand nombre de ces mouvements a été porté et dirigé par les jeunes filles et les femmes.

Aujourd'hui, la réalité est plus complexe et offre un tableau moins idyllique. Tout ce qui vient d'être écrit a été vrai et le demeure dans une certaine mesure. Mais les choses sont mouvantes, certaines ont changé. Quoique de façon moins visible et moins spectaculaire que les garçons, les filles manifestent aussi leur mal-être – quand mal-être il y a – par des formes de violence. Ce sont des violences retournées contre elles-mêmes : anorexie, boulimie, dépression, fugue, voire toxicomanie, prostitution et suicide. Le nombre de ces pathologies chez les jeunes filles maghrébines et africaines est en effet supérieur à celui des jeunes filles françaises. Pour schématiser, on peut dire que leur malaise se traduit par des troubles de l'humeur alors que dans le même temps il se traduit chez les garçons par des troubles de la conduite.

Du moins, ça a été le cas pendant des années. Mais l'on sait aujourd'hui que le processus d'émancipation des filles, s'il apparaît irréversible et sans doute souhaitable, peut être extrêmement douloureux et coûteux. La conjonction du délitement des familles, de la désintégration du contrôle social, des pressions à l'émancipation venues du monde extérieur et, surtout, des déceptions causées par ces deux piliers, école et travail, qui n'ont pas tenu toutes les promesses dont on les avait investis, fait que certaines jeunes filles ont, ces dernières années, fait une entrée fracassante et inattendue dans le monde de la délinquance. Également dans celui de la violence tournée contre autrui ou contre l'environnement. Le fait qu'on ait abondamment parlé de ces bandes de filles délinquantes, agressives, bagarreuses et, dit-on, encore plus violentes que les garçons, montre qu'on n'avait pas anticipé le phénomène et qu'il apparaît comme choquant. La violence des filles –

que l'on croyait protégées ou épargnées, moins, d'ailleurs, comme victimes que comme auteurs d'actes violents – apparaît comme une étape supplémentaire et jusqu'à présent jamais franchie de la dégradation sociale et morale qui affecte les quartiers. La violence des filles serait le signe patent d'une régression. Gardons pourtant présent à l'esprit que ce phénomène, quoique réel, reste aujourd'hui largement minoritaire.

Un grand nombre de jeunes filles issues de l'immigration s'en sortent. D'autres moins, certaines pas du tout. Elles restent nombreuses à faire les frais du poids des traditions, des contraintes familiales et des stratégies ou des pressions matrimoniales. On sait par exemple que depuis 1974, date de la fermeture des frontières, les hommes ont inventé de nouvelles façons d'immigrer par le biais de « marchés matrimoniaux », grâce aux jeunes filles déjà présentes sur le sol français, fructueux vivier de filles à marier.

Ces filles sont déchirées entre deux mondes. Celui du cercle familial, où la volonté d'émancipation est perçue comme une transgression qui peut leur faire courir des risques : exil, mariage forcé, retour au pays ou formes plus ou moins avérées de séquestration. Celui du monde extérieur, plus libre mais hors de portée, tenu à des distances parfois infranchissables par la famille et les garçons du quartier. Prises entre deux injonctions contradictoires, les filles louvoient de la résignation à la révolte, de la permissivité et l'autonomie de la société d'accueil à la dépendance de la famille ou de la communauté d'origine. Lorsqu'elles font un choix, il s'avère toujours douloureux. Symbole d'une vie placée sous le signe du compromis ou de la débrouille, elles font souvent le choix emblématique de vivre seules, avec ou sans aventures, avec ou sans lendemain, pour ne pas heurter les familles tout en goûtant aux fruits amers de la liberté.

« La culture jeune vient des banlieues. »

Il existe aujourd'hui une culture banlieue,
un modèle banlieue qui a quitté la marginalité
pour inspirer la société tout entière.

Canal Plus, « L'Appartement »

Depuis plusieurs décennies, la culture des jeunes est présentée et analysée comme en décalage ou en rupture avec la culture des adultes. On se souvient de *Salut les copains,* des Yé-yé et surtout du rock qui fut, au début au moins, le porte-drapeau de la révolte adolescente des années soixante.

Aujourd'hui, c'est le rap qui est l'emblème de la révolte des jeunes contre le monde sclérosé de la société bourgeoise, plus simplement contre le monde des adultes ou des parents. Or, le rap, le hip-hop et parfois le raï, ces musiques et danses qui animent les nuits de millions de jeunes aujourd'hui, apparaissent au grand public comme issus d'une culture des banlieues, avec ses codes, ses modes, ses fans et ses vedettes, plutôt beurs ou blacks que blancs. Les jeunes de banlieue sont conscients de cette influence et ne sont pas peu fiers de voir de jeunes bourgeois copier leur façon de s'habiller, de parler ou de danser.

Mais peut-on réellement parler de culture ? Est-elle née dans les cités ? Est-elle l'expression d'une créativité propre aux quartiers populaires et le vecteur ou le ferment d'une nouvelle identité ?

Depuis Vaulx-en-Velin, les Minguettes ou le Val-Fourré, nous sommes habitués à ce que des équipes de télévision aillent filmer des centres commerciaux dévastés et des voitures en feu et fassent parler des groupes de jeunes rassemblés dans la révolte, la haine et la violence. Ces événements ont suscité l'intérêt d'une partie des élites culturelles. Chercheurs, journalistes, artistes et faiseurs de mode ont découvert dans les quartiers difficiles des banlieues de l'exotisme, du mystère et le frisson du danger. Dans ces milieux, en général relativement protégés, on a toujours aimé s'encanailler au contact des marges et se mêler, avec attirance et répulsion, avec le peuple des faubourgs, de la zone, des bouges ou, aujourd'hui, des quartiers. Certains d'eux ont été fascinés par l'esthétique de la violence, tandis que d'autres en ont fait un marché. Le rap, les tags, les graffitis, l'uniforme des chaussures de sport, des pantalons larges et des casquettes à l'envers, font aujourd'hui partie du décor urbain et ont conquis une grande partie de la jeunesse, celle-là même qui constitue le cœur de cible des vendeurs et des publicitaires.

En réalité, et comme souvent pour ce qui concerne les jeunes, la culture des banlieues est née aux États-Unis. Le rap, avec ses textes revendicatifs et parfois très violents sur une musique saccadée et obsédante, est apparu aux États-Unis en 1975. Quant aux tags, ces énormes graffitis en forme de signature ou de slogan, ils ont commencé à couvrir les murs des espaces publics à partir du début des années quatre-vingt.

Dans les banlieues, plus qu'ailleurs, les jeunes ont été séduits par ces formes d'expression des minorités ethniques américaines, dont ils se sont mis rapidement à copier les pratiques langagières et les modes vestimentaires. En rupture avec les modèles et les valeurs de leurs parents, ils sont en quête d'une nouvelle identité. Et comme la plupart des identités, celle qu'ils tentent de fabriquer est le résultat d'un bricolage entre une sous-culture américaine véhiculée par le cinéma, la publicité et les séries télévisées, des modes ou des tendances européennes, des éléments de gestuelle ou d'argot populaires et des emprunts à la langue ou aux coutumes d'origine. Les gestes, le langage et les vêtements donnent un sentiment d'appartenance au groupe ou à la bande : qui se ressemble se comprend. Ils ont aussi l'avantage de décourager et d'exclure les indésirables ou ceux qui font partie de l'autre monde.

De telles pratiques ou attitudes sont assez banales. Elles traduisent et illustrent le conflit générationnel entre les jeunes et les adultes. L'adolescence est depuis longtemps l'âge de la rébellion, du décalage ou de la rupture. Le rap le plus violent incarne cet esprit de révolte adolescent face à une société vécue comme injuste, coercitive ou absurde. Il révèle l'état d'esprit d'une jeunesse qui se sent piégée et insécurisée dans ce monde, tout en étant prisonnière des influences et des modes qui lui sont imposées. On peut être un adolescent en quête ou en révolte tout en étant un excellent consommateur.

On peut aussi considérer que ces pratiques culturelles émergentes prennent le relais d'antiques ou anciennes formes d'expression de groupes minoritaires ou méprisés. Dans ce cas, il ne s'agit plus seulement d'une complainte mais d'une affirmation d'identité, parfois d'une déclaration de guerre et d'un cri de ralliement. La musique, la danse ou le chant sont des témoignages de la réalité vécue : pauvreté, injustice sociale, racisme ou violence. Ils mettent en scène la souffrance, celle-là même que connaissent les jeunes des banlieues.

Mais plus largement celle que connaissent tous les jeunes. Dans une musique et des chants qui racontent le mal vécu par certains, on peut très facilement entendre les maux que l'on vit soi-même. C'est pourquoi ils émeuvent, touchent en profondeur et suscitent l'engouement. La culture des banlieues, analysée comme un cri de détresse et une forme de provocation, a ainsi pris de l'ampleur et n'est plus réservée aux seuls jeunes des cités.

Il ne faudrait toutefois pas surestimer cette influence. Que l'on ajoute à son vocabulaire quelques touches de verlan pour faire chic, ou que l'on s'habille comme les jeunes des cités pour paraître branché, c'est une chose. Cela ne signifie pas que l'on adopte une nouvelle culture, que l'on se reconnaît dans l'histoire et le vécu des groupes qui l'ont produite ou que l'on s'intéresse à la situation des jeunes des quartiers.

Le goût des adolescents pour les cultures issues des banlieues est très lié à l'âge – ils échappent rarement à un moment, quasi-obligé, de séduction pour le rap – au milieu social et au degré de révolte à l'égard des parents, des adultes ou de la société en général.

Que la culture des banlieues révèle des formes de créativité inédites est une chose. Que l'on y voie le sommet de l'expression artistique contemporaine en est une autre, qui a nom démagogie.

En outre, la promotion excessive de ces cultures minoritaires peut se révéler un piège pour les jeunes de banlieue qui se trouvent enfermés dans des modes d'expression et de créativité exclusives, qui les empêchent d'avoir accès à d'autres formes culturelles. Faisant gagner beaucoup d'argent à un nombre très restreint de jeunes, ces cultures font rêver et créent des fantasmes de réussite rapide auprès des autres jeunes des quartiers : on veut bien s'exprimer et créer à condition que l'on parle de nous et que ça rapporte. Même si ça n'était pas le cas à l'origine et si certains auteurs ou artistes s'en défendent aujourd'hui, le rap et toutes les activités et produits qui lui sont liés est devenu un formidable business.

L'image des quartiers et des jeunes de banlieue s'en trouve-t-elle valorisée ? C'est à voir. La culture des banlieues, si rapidement commercialisée, peut renforcer les stéréotypes et accentuer l'enfermement et l'exclusion des habitants et des jeunes des quartiers. La promotion outrancière ou le succès de formes culturelles n'est pas toujours le signe de leur impact fort dans la société ; parfois il précède leur mort.

La culture des banlieues peut être considérée comme une culture du pauvre ou une culture rebelle. Est-elle la culture des jeunes ? C'est une autre affaire. Quoi qu'il en soit – et même si elle n'aura été qu'une mode passagère – elle symbolise une époque qui voit renaître de douloureuses tensions et s'élargir les fossés sociaux. Elle accompagne certaines formes de repli sur soi et manifeste le traumatisme profond de certains jeunes. Mais elle témoigne en même temps d'une énergie et d'une créativité qui sauront peut-être rencontrer durablement l'intérêt du plus grand nombre. Alors, cette culture contribuera à la fabrication de nouvelles identités.

« Dans les banlieues, il y a beaucoup de solidarité et d'initiatives généreuses. »

Les associations ont eu et auront toujours un rôle fondamental et même fondateur pour faire partager et pour œuvrer au mieux-vivre de tous dans la cité.

Encyclopedia Universalis

La plupart du temps, la banlieue est montrée du doigt à cause de ses aspects négatifs ou nocifs – chômage, mal-vivre, délinquance, violence – largement médiatisés et plutôt méconnus. Rares sont les représentations positives de la banlieue. Il en est une, pourtant, qui affirme que la solidarité y serait très présente, par opposition à ce qui se passe ailleurs, en particulier dans les grandes villes, décriées pour l'individualisme de leurs habitants, où chacun aurait tendance à se replier sur lui-même ou sa cellule familiale en ignorant jusqu'à l'existence de ses voisins.

Comme toute légende, celle-ci n'est pas totalement dénuée de réalité. La solidarité était sans aucun doute un ciment fort de la vie des familles ouvrières, des pauvres ou des communautés étrangères qui occupaient les logements insalubres des centres-villes, les cités de transit et les bidonvilles. Elle était présente au début des cités et a perduré tout au long des premières années de vie des grands ensembles.

Les populations originaires des zones rurales, ou les populations ouvrières, ou, plus tard, les communautés étrangères qui se sont installées dans les quartiers à la périphérie des villes, avaient l'habitude de compter sur le soutien de la famille élargie et du voisinage. Ce soutien allait de pair avec un contrôle social rigoureux qui offrait les conditions d'un « vivre ensemble » relativement équilibré et harmonieux. C'est cette communauté d'intérêts et cette solidarité qui étaient mises en œuvre pour faire venir, puis aider à s'installer, des membres de la famille, des amis ou des proches, restés dans la région ou le pays d'origine, en butte aux difficultés ou désirant émigrer.

Cette solidarité de voisinage existe encore dans certains quartiers ou certains territoires à l'intérieur des quartiers, particulièrement pour résoudre des problèmes pratiques de la vie quotidienne. Elle s'exerce notamment lorsque les voisins ont des origines ou une culture commune, encore plus s'ils sont membres de la même famille (comme en témoigne le fait que les enfants quittent le foyer parental pour vivre seuls ou fonder leur propre foyer dans le même quartier).

Mais, nous l'avons vu, les grands ensembles collectifs ont mal vieilli ; la crise, le chômage, l'ennui, le mal-vivre et la violence s'y sont installés. La plupart des normes, des codes ou des repères partagés par les premiers habitants ont été balayés et peu à peu les relations sociales se sont raréfiées. Les sociabilités anciennes se sont effondrées ou largement desserrées, y compris au sein des communautés de même culture, par exemple la communauté maghrébine.

Si les fêtes familiales sont encore l'occasion de se retrouver, les fêtes religieuses ou liées à des traditions n'y parviennent quasiment plus. Et encore peut-on se demander ce qu'il adviendra de réunions organisées à l'occasion de mariages ou d'enterrements, par exemple, lorsque les pères et les mères de la première génération immigrée auront disparu. Avec eux disparaîtront un certain nombre de traditions ainsi que la mémoire des rites.

L'effacement ou la disparition des anciennes sociabilités n'a pas lieu que dans les quartiers de banlieue. C'est plutôt le raisonnement inverse qu'il faut tenir. On observe une transformation radicale du lien à l'autre aujourd'hui, notamment des liens de proximité, dans l'ensemble de la société, y compris dans les quartiers de banlieue dont on ne voit pas pourquoi ils y échapperaient. Aussi a-t-on beau jeu de dénoncer le délitement du lien social dans les quartiers alors que tous les liens sociaux, pour toutes les couches de la population, sont en mutation. Nul ne peut prédire ce que seront les sociabilités futures. Mais il est à parier, comme on peut déjà l'observer, qu'elles seront plus électives et plus sporadiques, détachées des anciennes appartenances liées à la famille, au statut, à la classe ou à la culture.

La faiblesse des relations de proximité apparaît avec plus de force dans les cités car le souci des habitants est davantage d'échapper aux contraintes du groupe et à la pression du collectif, plutôt que de créer du lien. Les anciens modes de régulation avaient certes leurs vertus mais ils étaient pesants. Le regard de l'autre – de la famille, des voisins, du groupe d'habitants – peut être vécu comme une ingérence, particulièrement pour les jeunes qui aspirent à davantage d'indépendance, d'autonomie et de liberté. La famille, les proches ou les voisins sont perçus comme susceptibles de rendre des services, certes, mais surtout de participer à des commérages dont on craint de faire l'objet et qu'il est très difficile de faire cesser.

Par ailleurs, dans les cités de trop mauvais renom, qui souffrent d'une mauvaise réputation, un moyen pour échapper en partie à la stigmatisation est de s'isoler, de se différencier, d'éviter les relations de voisinage ou, si elles existent, de les nier. Ne pas créer de liens, ou refuser de contracter ceux qui existent, est une façon de ne pas se reconnaître comme membre d'une communauté perçue négativement. Nombreux sont les habitants des quartiers qui éprouvent de la honte à vivre là où ils sont. Nombreux aussi, par conséquent, sont ceux qui aspirent à quitter le quartier, même s'ils savent qu'ils ont peu de chances d'y parvenir.

Outre les régulations de la vie ordinaire, les banlieues ont longtemps été animées par un tissu associatif très présent : associations de locataires, clubs sportifs, de loisirs ou culturels, comités de quartier, groupements confessionnels ou réunissant des habitants de même origine, etc. Ces groupes se constituaient en puisant dans le vivier des bénévoles issus des classes moyennes salariées qui se rendaient disponibles pour contribuer à l'animation de la vie de quartier ou rassembler les habitants autour d'objectifs ou d'intérêts communs. Or, les classes moyennes ont eu tendance à disparaître au profit de populations cumulant les soucis et les difficultés. Par ailleurs, un grand nombre de ces groupements, à commencer par les associations de locataires, reposaient sur une tradition syndicale ou politique qui n'existe plus guère aujourd'hui ou est nettement fragilisée. Aussi les bonnes volontés se sont-elles essoufflées ou ont été désarmées par l'aggravation des problèmes. Aujourd'hui la tendance est davantage au repli sur soi ou sur son clan, plutôt qu'au lancement d'initiatives généreuses ou de projets.

Un regain était pourtant apparu dans les années quatre-vingt avec l'entrée sur la scène des revendications, du militantisme et de la lutte citoyenne ou politique, des jeunes issus de l'immigration. Un grand nombre de mouvements se sont créés, depuis « SOS

Racisme » jusqu'à « Stop la violence » aujourd'hui, dont une partie des objectifs était tournée vers l'animation des quartiers et l'amélioration de la vie des habitants. Mais les animateurs de ces mouvements se sont trouvés en situation périlleuse, entre des exigences de plus en plus grandes de la part des jeunes, et les hésitations de la classe politique peu encline à laisser place à des mouvements qui ne relèvent pas des logiques syndicales ou partisanes classiques. La dégradation de la vie dans les quartiers et des accès de violence ont considérablement freiné, et parfois réduit à néant, des années de vie associative et d'efforts.

La solidarité est donc moins présente dans les quartiers aujourd'hui. Lorsqu'elle se reforme c'est lors de circonstances particulières et de plus en plus souvent sur le dos d'un ennemi commun : la police ou des intrus non acceptés. C'est bien souvent une solidarité par défaut qui s'éprouve sur le mode de la plainte, de la récrimination ou du désir de vengeance, mais qui au final modifie peu la vie des habitants.

« Il faut miser sur l'intégration des populations d'origine étrangère. »

> *Ce n'est pas l'intégration des étrangers qui pose problème aujourd'hui, c'est l'intégration tout court.*
>
> Dominique Schnapper, *La France de l'intégration*, 1991

Le mot « intégration » contient des potentiels infinis de malentendus. Pendant des années, les gouvernements successifs, de droite ou de gauche, ont employé ce mot à la place de ce qu'on avait coutume d'appeler « assimilation », terme devenu politiquement incorrect dans les années soixante-dix.

Pays d'immigration et nation plus hétérogène que ses voisines européennes, la France a pour tradition l'unité culturelle, affirmée avec force et mise en œuvre par des institutions centralisées. À l'époque du colonialisme et des nationalismes triomphants, le projet assimilationniste était brandi avec fierté. Nul ne doutait de la supériorité du génie français et de la vocation missionnaire de la France qui devait apporter lumières et bonheur aux populations colonisées. Les années soixante-dix sonnent le glas de la domination européenne et des idéologies universalistes. Les particularismes et le droit à la différence font irruption sur la scène politique et deviennent des valeurs morales. Le mot assimilation n'est plus de mise, il est remplacé par « intégration », même si dans le fond et en pratique, il n'y a pas autant de différences qu'on le croit entre ces deux notions.

Les habitants des quartiers, en particulier les jeunes, ne s'y sont d'ailleurs pas trompés. Ils ont peu à peu rejeté cette nouvelle expression car ils ont vu en elle une injonction de la société française à abdiquer leur culture d'origine et renoncer à leur identité, pour devenir de « vrais Français ». Dans le contexte de la montée de l'extrême droite et du rejet de l'immigration, la revendication et la fierté des origines devenaient un baume apaisant pour les blessures narcissiques et identitaires.

Il est évident que pour vivre dans une société il est bon de partager des valeurs et des références communes et d'adopter tout ou partie des mêmes us et coutumes. À ce titre, c'est sans doute pour les premières générations d'immigrés que l'adaptation à une nouvelle culture doit être la plus difficile. Particulièrement lorsqu'on vient de pays dont les mœurs et les usages sont très différents. Notons pourtant que les Maghrébins, dont certains estiment que leur distance culturelle avec la France est plus grande que celle d'autres courants migratoires, ont connu une acculturation forte à la société française par la colonisation.

Pourtant, s'il est une idée reçue contre laquelle on peut s'inscrire en faux, c'est celle qui consiste à penser qu'un manque d'intégration est forcément facteur de rejet ou source de problème. En effet, s'agissant de populations d'immigration récente, celles qui font le moins parler d'elles et suscitent le moins de rejet sont plutôt celles qui ont conservé une structure et des traditions fortes et semblent peu se soucier d'intégration.

On pense bien sûr au courant migratoire asiatique. Perçue comme discrète et réputée ne pas poser problème, une grande partie de la population asiatique installée en France n'en a pas moins conservé ses habitudes religieuses et culturelles, sa langue et sa cuisine et favorise largement les relations intracommunautaires. Il ne semble pas que les Français dits

« de souche » – fussent-ils xénophobes – leur en aient tenu rigueur. On peut aussi évoquer les émigrés portugais, beaucoup plus proches de nous par la géographie et la culture et perçus par la population française comme « intégrés ». Les Portugais sont néanmoins restés très attachés à certaines de leurs traditions et rites et témoignent d'une forte solidarité communautaire qui s'illustre par un grand nombre d'organisations, clubs ou amicales.

Dans les deux cas, il apparaît que la perpétuation de pratiques socioculturelles spécifiques a permis à ces populations de se protéger d'une « assimilation » trop rapide et a favorisé leur installation, plutôt réussie, dans la société d'accueil. On voit que l'acculturation, comme l'ont montré les ethnologues, est une sorte de bricolage culturel, où l'on garde une part plus ou moins importante de traditions et d'habitudes issues de sa culture d'origine tout en adoptant une part plus ou moins importante de celles que l'on découvre dans le pays d'accueil. C'est en outre un processus qui se fait dans le temps et différemment en fonction de l'avancée des générations.

La population originaire d'Algérie – la plus nombreuse avec celle venue du Portugal – a apporté avec elle une histoire douloureuse, mais aussi une bonne connaissance de la langue et de la culture française et une fabuleuse envie de s'intégrer. Ils ont adopté nos usages, notre musique, nos fêtes et nos goûts culinaires. Leurs enfants ont fréquenté l'école de la République et sont entrés de plain-pied dans la société de consommation, mus par le désir éperdu de ressembler à des Français.

La suite, on la connaît. Une partie des immigrés originaires du Maghreb – plus encore d'Algérie – et surtout leurs enfants, bien qu'ayant joué le jeu de l'intégration beaucoup plus que d'autres, se sont sentis floués, rejetés et méprisés par la société française qui, lorsqu'elle s'est installée dans la crise, a regardé avec beaucoup moins de bienveillance les derniers arrivés.

La tendance au repli identitaire est alors apparue, comme un réflexe somme toute assez naturel. Il est à noter que le même mouvement – repli identitaire suivant une tentative « assimilationniste » non aboutie – s'est produit de façon similaire aux États-Unis pour la communauté hispanique. À partir de 1968, les leaders de cette communauté ont rompu avec l'assimilationnisme pour exiger le maintien de leur identité ethnique.

L'assimilation ou l'intégration se font nécessairement, lorsque les conditions sont réunies. Elles peuvent se souhaiter ou être désirées mais elles ne se décrètent pas. En réalité, on ne peut pas parler d'une intégration unique mais de divers modes d'intégration. Chaque courant migratoire s'y prend à sa façon, et chaque individu à l'intérieur des courants, aussi.

Les conditions à réunir pour garantir l'intégration sont multiples et complexes. Elles dépendent moins de la spécificité des cultures d'origine que des représentations et des relations entre elles, de l'histoire et des liens tissés entre les pays, des projets et des dynamiques des nouveaux arrivants et des désirs ou des objectifs de la société d'accueil à leur égard. À ce titre, quiconque se penche sur les cinquante ou soixante ans d'histoire de l'immigration nord-africaine – particulièrement algérienne – dans notre pays, est frappé par son caractère mouvementé, hésitant, incohérent et parfois contradictoire. De tous les courants migratoires récents qui se sont installés en France, celui issu d'Algérie a été le moins désiré et le moins bien accueilli.

Le fait qu'il soit aujourd'hui besoin de marteler le mot « intégration » signifie que l'idée ne va plus de soi et qu'un profond malaise se dessine derrière cette notion. Il tient pour une part à la fragilité de la société actuelle, qui n'a plus rien à voir avec la société forte et sûre d'elle-même des belles heures de la République. Aussi n'est-ce pas seulement l'intégration des populations immigrées qui pose problème, mais l'intégration tout court, c'est-à-dire ce qui contribue à fonder et entretenir l'homogénéité minimale et la dimension communautaire de toute nation.

Même si la France relève plutôt d'une tradition nationale dite contractuelle, reposant en théorie sur le consentement libre de chacun, elle se définit aussi par une histoire et des traditions communes ainsi qu'une culture partagée, c'est-à-dire par certains types de liens. Or, c'est bien ce qui fait lien aujourd'hui, dans notre société, qui pose problème. Les anciennes règles, systèmes d'appartenance (classes sociales, statuts professionnels), modes de contrainte, instances de légitimation et rites d'initiation opèrent moins. Ils connaissent une profonde mutation, qui provoque et fait naître des crises, car les nouveaux modes de régulation ne sont pas encore apparus.

En certains endroits de notre société, ces crises sont redoublées par des errements ou des blessures identitaires. Symptomatique à ce sujet est notre difficulté à nommer les « jeunes » des quartiers qui finissent par rejeter les unes après les autres les dénominations qu'on leur prête : ni Français, ni étrangers, ni Beurs, ni d'origine immigrée… finalement rien et un peu de tout ça.

Ce qui pour d'autres, ou dans d'autres situations, pourrait apparaître comme une richesse, est ici vécu comme un manque. Un manque au final très proche de celui qui fut ressenti par les électeurs populaires d'extrême droite en France. Cette France, pays des droits de l'homme et championne de l'intégration, pays où l'extrême droite a atteint des scores sans commune mesure avec les autres démocraties occidentales.

« La politique de la ville est un échec. »

*L'État n'a pas le monopole de la ville, pas plus
que les politiques celui du bonheur par procuration.
Sans la mobilisation coordonnée, intelligente, des acteurs
de terrain abordant les problèmes de façon à confronter
la pluridisciplinarité, sans les savoir-faire et les échanges
de savoir de tous et de chacun, rien malgré les sommes
prodigieuses investies chaque année dans les quartiers
sururbanisés, ne pourra détruire le mur de la désespérance.*

Encyclopedia Universalis

On a coutume de dater la naissance officielle de la
politique de la ville des rapports issus des missions
confiées à Bertrand Schwartz sur l'emploi et à
Gilbert Bonnemaison sur la sécurité et la prévention
de la délinquance, et de ceux issus de la commission
présidée par Hubert Dubedout sur le développement
social des quartiers. Ces travaux ont été réalisés au
début des années quatre-vingt, suite aux premières
violences qui ont eu lieu dans les quartiers de la banlieue lyonnaise.

Plus de vingt ans après, la « politique de la
ville », entre-temps devenue une grosse machine
socio-politique et technico-administrative, peine à
dresser son bilan. Ballottée au gré des contingen-
ces politiques et des priorités accordées à telle ou
telle doctrine d'action, elle n'aurait suivant les uns
résolu aucun problème de fond. Pour d'autres, elle
a permis d'éviter le pire et, par les moyens engagés
et les dispositifs qu'elle a créés ou initiés, contribué à ce que la situation ne s'aggrave pas dans les
quartiers.

La mobilisation et l'action des pouvoirs publics en faveur des quartiers de banlieue existent depuis plus longtemps. Les premières ZUP (Zones à Urbaniser en Priorité) sont créées en 1958, elles visent à favoriser l'effort de construction en banlieue afin de répondre à la demande massive de logements. Durant les années soixante, plusieurs mesures axées sur la construction, le logement et les grands ensembles voient le jour. En 1977, la commission interministérielle Habitat-Vie sociale a pour objectif de rénover et réhabiliter les logements sociaux et de construire des équipements collectifs dans les quartiers. Suite aux émeutes de 1981, ceux-ci sont pour la première fois hiérarchisés et classés en fonction des difficultés qu'ils présentent et de l'urgence à les traiter. Qu'on les nomme « îlots sensibles », « zones de redynamisation urbaine » ou « quartiers DSQ », du nom de la politique alors mise en place (développement social des quartiers), le principe reste sensiblement le même : multiplier – au moins pendant un temps – divers types d'action, sur un territoire où n'agissent plus, ou insuffisamment, les régulations politiques et sociales usuelles.

Il est impossible de résumer en quelques lignes les doctrines d'action et le contenu de la politique de la ville. Retenons qu'elle se fonde sur deux grands principes : la politique contractuelle et la décentralisation. Suite à des diagnostics – parfois à l'urgence de la situation ou la médiatisation de tel ou tel événement – des contrats, programmes ou conventions, signés entre l'État et les collectivités locales, définissent pour une durée donnée la philosophie générale des interventions, des objectifs globaux ainsi que des actions à décliner localement. C'est ainsi qu'ont été signés des conventions de développement social des quartiers, des conventions ville-habitat, des contrats d'action de prévention de la délinquance, etc. Depuis 1994, toutes ces procédures doivent être regroupées dans des contrats-villes afin que les différentes mesures soient rassemblées dans un même cadre.

Mais la politique de la ville, c'est aussi un nombre incalculable de procédures ou actions spécifiques lancées dans différents secteurs ou à destination de différents publics : en direction des jeunes et de l'école, sur le plan culturel et économique, en matière de santé, d'habitat et d'urbanisme, de prévention de la délinquance, d'insertion professionnelle, de vie associative et citoyenne, etc. Ici la politique de la ville se chiffre à coup de milliards de francs, de milliers d'acteurs engagés (depuis les ministres et les grands acteurs nationaux jusqu'aux travailleurs sociaux et intervenants locaux qui la mettent en œuvre quotidiennement sur le terrain) et d'un nombre impressionnant de lieux, structures et dispositifs qui veillent à l'organisation et l'exécution des objectifs.

Ce tableau est parlant et les critiques de la politique de la ville pleuvent aisément : sur la structuration de l'action politique (considérée comme trop floue ou trop idéologique) et la bureaucratisation de l'administration, sur l'enchevêtrement, la redondance ou la contradiction des procédures et des dispositifs, sur la complexité des montages et le caractère indéterminé des prérogatives, sur le manque de lisibilité et d'évaluation des actions (hormis la mise en scène outrancière de quelques mesures spectaculaires et éphémères).

Parmi ces critiques – dont une bonne partie n'est pas spécifique à la politique de la ville mais à l'action publique en général – deux peuvent plus particulièrement retenir l'attention : l'instrumentalisation et l'absence des habitants.

L'instrumentalisation – qui guette tout type d'action d'envergure – a pour effet de réduire une politique à ses seuls outils ou moyens. Les mesures mises en place deviennent une fin en soi et font passer au second plan, quand on ne les oublie pas totalement, les objectifs et la philosophie des démarches. L'instrumentalisation produit des effets absurdes et inefficaces, comme la nécessité de monter des projets ou de lancer des actions – parce que les moyens existent et doivent être employés – sans être convaincus de leur pertinence et de leur utilité sur le terrain, sans avoir examiné si des projets en cours n'ont pas la même vocation et sans avoir procédé à un bilan des actions antérieures. C'est ce que nous avons appelé ailleurs le « syndrome du mille-feuilles », soit l'empilement de projets ou de mesures, parfaitement redondants ou totalement contradictoires, décidés et déclinés en fonction de l'alternance politique, idéologique ou médiatique.

Les habitants n'ont pas été les moins dupes, ni les moins déçus. Alors que la politique de la ville avait pour vocation de les associer, il semble que la sacro-sainte « participation des habitants » ait échoué. Cet échec tient à de multiples raisons, dont certaines ont été évoquées dans les chapitres précédents. Ajoutons-y le fait qu'on a longtemps confondu – et qu'on le fait encore – association ou participation des habitants avec l'expression de leurs besoins ou la formulation de leurs demandes. Que les habitants des quartiers difficiles aient des besoins – ou des manques – cela va sans dire. Mais qu'une politique trouve sa raison d'être et s'appuie sur ce que « les gens veulent », en vue de les satisfaire en comblant leurs exigences, c'est à la fois démagogique, inefficace et pervers.

Démagogique, on le comprendra aisément : l'action politique ne trouve pas son fondement dans la satisfaction du plus grand nombre. Inefficace, car une politique ajustée au plus près des désirs ou des besoins des gens finit par s'y plier ; or, on le sait, désirs et besoins peuvent être changeants. Pervers parce que la mécanique expression-satisfaction d'un besoin est sans fin, elle place les habitants en situation de demandeurs ou de plaignants – de victimes ou d'ayant-droits – et les politiques en situation d'offreurs qui visent à satisfaire leurs usagers ou leurs clients.

On comprend alors que les habitants désertent les structures et les associations, qu'ils ne voient jamais « tout ce que l'on fait pour eux », voire que certains détériorent ou cassent ce « qu'ils avaient demandé » et qui devait a priori améliorer leur situation. On comprend aussi que les acteurs de terrain soient démotivés et fatigués de monter des projets pour des populations qui ont tendance à se comporter en assistés.

D'un autre côté, on s'en doute, tout n'est pas négatif et la politique de la ville peut inscrire à son actif de belles réussites : partenariats entre des acteurs qui se considéraient hier comme des ennemis (par exemple école/justice/police en Seine Saint-Denis), discriminations positives qui ont permis de diminuer certaines rancœurs, initiatives locales soutenues et subventionnées, aides aux associations de terrain, formation d'agents, mutualisation des ressources et création de nouveaux métiers (médiateurs, partenaires pour la ville…), etc. Sans compter les multiples actions et investissements des travailleurs sociaux ou d'intervenants locaux, dont la pertinence et l'efficacité vont souvent de pair avec la discrétion qui les entoure.

La politique de la ville n'est pas une réussite ? C'est assez vrai. Mais qu'appelle-t-on réussite et que sait-on de ce que les quartiers seraient devenus si elle n'avait pas existé ? Elle a à certains endroits aggravé les problèmes, a été détournée et gaspillée ; mais à d'autres elle a évité que la situation ne se dégrade et parfois contribué à ce que la vie s'améliore. Faute d'un bilan plus précis, il est difficile de trancher.

Une telle politique peut-elle même seulement réussir ? L'échec de la politique de la ville – si échec il y a – doit nous interroger sur ce que nous exigeons de l'État. Les millions de fonctionnaires qui tentent de ravauder le tissu social voient leurs actions très limitées par les choix, macro-politiques et surtout macroéconomiques, qui sont faits aujourd'hui et affectent la vie des régions et des quartiers. Mais ils sont aussi limités par l'inorganisation, l'impuissance ou le renoncement des gens eux-mêmes ; très souvent aussi de leurs représentants.

« Les problèmes de banlieue peuvent être traités dans les banlieues. »

La banlieue dans la société française représenterait un monde à part dont les maux réclameraient un traitement approprié spécifique. Certains mettent davantage l'accent sur le « social », d'autres sur le « sécuritaire ». Les uns pensent qu'il faut éclater les banlieues en mettant du logement social partout, y compris dans des communes plus privilégiées, faire de la discrimination positive, renforcer les services publics, apporter de l'aide aux entreprises qui souhaitent s'y installer, résoudre d'une manière ou d'une autre les problèmes de l'emploi et occuper les jeunes. D'autres pensent plutôt à des solutions extrêmes : mettre en prison les délinquants y compris les mineurs, expulser, arrêter, sanctionner. Il y a d'un côté une option « victimisante », qui considère que les banlieues sont malades de l'exclusion et de la précarité. De l'autre une vision « persécutrice », qui tient les habitants des banlieues comme uniques responsables de leurs problèmes, parce qu'ils sont inassimilables en tant qu'immigrés ou parce qu'ils ont des comportements barbares et sauvages.

Tous insistent sur l'importance des moyens à mettre en œuvre pour résoudre le problème : plus d'enseignants, plus de policiers, plus de travailleurs sociaux, plus de juges, plus d'argent. Il est vrai que les moyens ne sont pas toujours également répartis sur le territoire, qu'il y a d'énormes progrès à faire en matière de formation et d'accompagnement des professionnels, qu'il faut trouver de l'emploi, qu'il faut détruire des barres et des tours, qu'il faut désenclaver les quartiers.

Toutes ces propositions ont une part de vérité, et si on les applique vraiment, on pourrait penser que dans dix ou vingt ans les problèmes de banlieue seront réglés. Les sociétés modernes n'ont-elles pas ainsi éradiqué des maux sociaux du passé ?

Mais nous pensons plutôt que les banlieues sont le « malade désigné », au sens où l'entendent les thérapeutes familiaux, c'est-à-dire le membre du corps social qui concentre et rend visible tous les symptômes d'une société apparemment florissante mais qui est en réalité en déroute. Ce que nous présentent les banlieues est un miroir où les maladies de notre société se reflètent de façon évidente : violences familiales et sociales, violences dans les institutions et dans les entreprises, dépression, perte de sens et de repères, sentiment d'impuissance, ennui.

Cela étant, et en attendant d'avoir résolu tous les problèmes du monde moderne, il y a urgence. Nous ne devons pas oublier que les « banlieues » rassemblent une part très importante de la population française, en particulier de sa jeunesse. Malgré tout ce qui est fait pour eux, ces habitants des quartiers ont l'impression qu'on les a abandonnés, parce qu'ils vivent de plus en plus en état d'insécurité. C'est pourquoi ils ont peur. Or la peur, qui favorise les mouvements extrémistes ou asociaux, est le pire ennemi de la démocratie.

On ne peut traiter les problèmes de banlieue si l'on ne considère pas qu'ils sont l'expression de problèmes plus globaux, ceux qui affectent aujourd'hui le monde moderne, dans ses réalités économiques, institutionnelles et psychosociales. Inversement, on ne peut traiter les problèmes globaux si l'on ne prend pas le temps d'écouter ou de répondre aux souffrances concrètes exprimées par les individus dans leur vie quotidienne.

"

ANNEXES

Pour aller plus loin

Les ouvrages sur la banlieue sont très nombreux, mais de qualité diverse et certains d'entre eux, écrits il y a quelques années, ne présentent malheureusement plus beaucoup d'intérêt aujourd'hui, car le domaine est particulièrement mouvant et en constante évolution.

Nous conseillons d'abord deux **ouvrages de synthèse** au format poche qui présentent bien l'ensemble de la question : *Les Banlieues*, Pierre Merlin (PUF, « Que Sais-je ? », 1999) ; *Les Banlieues*, Hervé Vieillard-Baron (Flammarion, « Dominos », 1997).

Pour une documentation **plus approfondie,** on lira le livre étayé de chiffres et de cartes de l'urbaniste Jean-Claude Boyer : *Les Banlieues en France* (Armand Colin, 2000) ; l'*Atlas des fractures françaises* de Christophe Guilly (L'Harmattan, 2000), est un excellent livre, bien documenté, qui fait fi des idées reçues et qui replace les banlieues dans l'ensemble de la question sociale ; *Violences urbaines, ascension et chute des classes moyennes à travers cinquante ans de politique de la ville* de Christian Bachmann et Nicole Leguennec (Albin Michel, 1996), livre vivant et passionnant, raconte toute l'évolution des banlieues et l'histoire de la politique de la ville, en ne cachant rien de ses errements, de ses échecs et de ses erreurs, en dépit d'un titre quelque peu réducteur…

Sur **la violence** dans les cités de banlieue, on pourra lire avec profit deux ouvrages dont les points de vue idéologiques sont radicalement antagonistes : *Le Nouvel Ordre local : gouverner la violence* de Jean-Pierre Garnier (L'Harmattan, 1999) et *La Guerre des rues : la violence et « les jeunes »* de Christian Jelen (Plon, 1999 ou Pocket, 2000). Sans oublier, en poche, *Violences et insécurités urbaines* de Alain Bauer et Xavier Raufer (PUF, « Que Sais-je ? ») et *Violence en France* de Michel Wieviorka (Seuil, 1999), des études sur le terrain dans différentes villes, dans des entreprises de transport, des écoles etc. Dans *Les Villes face à l'insécurité : des ghettos américains aux banlieues françaises* (Bayard Éditions, 1998), Sophie Body-Gendrot établit une comparaison entre les problèmes urbains des deux pays. Enfin *Violences urbaines : des vérités qui dérangent* de Lucienne Bui-Trong (Bayard, 2000) donne le point de vue d'un commissaire des renseignements généraux.

Sur **les jeunes,** nous recommandons *Les Jeunes de la cité* de Joëlle Bordet (PUF, 1999), une étude sur la vie des adolescents, de leurs microsociétés et de leurs stratégies de survie dans les quartiers d'habitat social, ainsi que *Cœur de banlieue : codes, rites et langage* de David Lepoutre (Odile Jacob, 1997), une plongée dans l'univers imaginaire et langagier des jeunes de banlieue.

Sur **l'immigration** et ses parcours, on lira le classique *Destin des immigrés* d'Emmanuel Todd (Seuil, 1994 ou « Points Essais », 1997).

Sur **l'islam** : *Les Banlieues de l'islam* de Gilles Kepel (Seuil, « Points Actuels », 1991)

Pour un **point de vue sociologique**, il faudra bien sûr lire la somme de Pierre Bourdieu et de ses collaborateurs, qui restituent la parole vivante des acteurs de la banlieue : *La Misère du monde* (Seuil, 1993 ou « Points », 1998), et *Les Quartiers d'exil,* François Dubet et Didier Lapeyronnie (Seuil, 1992).

Enfin, nous recommandons la lecture de « Banlieues, intégration ou explosion ? », Catherine Withol de Wenden et Zakya Daoud, dans la **revue** *Panoramiques* (1993). Beaucoup d'articles sont encore valables, et cette revue s'attaque sur tous les sujets aux idées reçues, en donnant la parole à des spécialistes aux opinions les plus diverses.

Dans la même collection

Santé & Médecine

Histoire & Civilisations

Économie & Société

Sciences & Techniques

Arts et Culture

Responsable éditorial : Sophie Behr, assistée d'Agathe Lebelle.
Remerciements de l'Éditeur à Maryse Claisse, Thibault Gautier, Sixtine Mugnier.
Imprimé en France en août 2001 sur les presses de l'imprimerie Aubin à Ligugé.
N° d'impression : L61876
Diffusion : Harmonia Mundi.

© Le Cavalier Bleu, 2001
23, rue Truffaut, 75017 Paris
ISBN 2-84670-004-4
Dépôt légal : septembre 2001.